国家出版基金项目
NATIONAL PUBLICATION FOUNDATION

社会主义核心价值体系建设
"双百"出版工程

项 目

/ 100 位

新中国成立以来感动中国人物/

雷 锋

朱 薇/著

吉林文史出版社

《100位新中国成立以来感动中国人物》丛书

编　委　会

主　任	何建明　蒋建农　高　磊
副主任	孙云晓　徐　潜　张　克　王尔立
编　委	王久辛　杨大群　黄晓萍　申　剑
	褚当阳　刘玉民　王小平　相南翔
	夏冬波　刘忠义　高　飞　陈　方
	阿勒得尔图　陈富贵

前 言

　　每个人的心中都多少有一点英雄情结，都向往英雄、景仰英雄。也正因此，在中华人民共和国建国六十周年之际，由中央十一部委联合组织开展的"100位为新中国成立作出突出贡献的英雄模范人物和100位新中国成立以来感动中国人物"的评选活动中，群众参与投票总数近一亿。这其中的每一张选票，都表达了人们对英雄模范的崇敬之情，寄托着对伟大祖国的美好祝福。

　　一个民族不能没有英雄，否则这个民族就不会强大。当国家危难之时，懦弱者选择了逃避、妥协甚至投降，英雄们却挺身而出，用热血捍卫民族的尊严，人民的幸福。在创立和建设新中国的伟大历程中，涌现出无数可歌可泣的英雄模范人物。他们之中，有为了民族独立和人民解放而英勇牺牲的革命先烈，有为了党和人民的事业而不懈奋斗的优秀共产党员，有在全民族抗战中顽强奋战、为国捐躯的爱国将士，有英勇杀敌的战斗英雄和革命群众，有积极从事进步活动的著名民主爱国人士和国际友人……他们是民族的脊梁、祖国的骄傲，是激励全体人民团结奋斗的精神力量。

　　《100位新中国成立以来感动中国人物》丛书，就像一部星光璀璨的英雄谱，真实、完整地记录了英雄模范人物不平凡的一生，再现了他们非凡的人格魅力和精神世界。舍身堵枪眼的黄继光，拼命也要拿下大油田的王进喜，中国原子弹之父邓稼先，新时期领导干部的楷模孔繁森……一串串闪光的名字，一个个动人的故事，犹如群星闪烁，光耀中华。

　　当今中国正处于伟大变革的时代，迫切需要涌现出一大批勇于承担历史使命、为祖国和人民奉献一切的先进人物。在"双百"人物崇高精神的引领下，在建设社会主义现代化国家的征程中，必将英雄辈出。

生平简介

    雷锋（1940–1962），男，汉族，湖南省望城县人，中共党员。1960年入伍，生前系中国人民解放军65639部队运输连班长。

    雷锋出身于贫苦的农民家庭。解放后，他怀着对党和人民的感激之情，甘当革命的"傻子"，把自己有限的生命投入到无限的为人民服务之中。他虽然只有小学文化，但刻苦学习科学文化知识，认真研读马克思主义理论，"雷锋日记"真实记录了他对党的事业的坚定信念。他始终以"螺丝钉"精神，干一行爱一行，最苦最累的活，他总是冲到最前面。他乐于助人，关心同志，无论在部队，还是到外地，只要遇到别人有困难，他都尽全力帮助。"雷锋出差一千里，好事做了一火车"在当年传为美谈。他生活俭朴，把省吃俭用积存起来的钱，基本都捐寄给受灾群众和需要帮助的战友。1960年，在国民经济困难时期，他一次捐款就达200元。他长期义务担任校外辅导员，通过为中小学生买书、送文具、讲自己的成长经历等，激励青少年成长。1962年8月15日，他执行运输任务时不幸殉职，年仅22岁。1963年，毛泽东等老一辈无产阶级革命家发出向雷锋同志学习的号召。国防部命名他生前所在班为"雷锋班"。经中央军委批准，将其画像制作印发全军，在连以上单位悬挂、张贴。

1940-1962
[LEIFENG]

◀雷 锋

目 录 **MULU**

苦难中出生 / 002

水深火热的旧中国，人们饱受战火、饥饿的煎熬，生活非常艰辛。日寇的铁蹄践踏着雷锋的家乡——湖南，人们的生活更加困苦。1940年12月18日，雷锋出生在湖南省望城县简家塘一户贫苦农民的家庭。

迎来新生活 / 008

雷锋家乡的地下党员彭德茂注意到雷锋这个在苦水中泡大的孩子，时常带着他张贴迎接长沙解放的标语。当一支解放军队伍经过他的家乡时，他立志要参加中国人民解放军。雷锋的家乡解放后，他参加土改、儿童团，迎来新的生活。

平凡而伟大的共产主义战士（代序）

　　他没有做过什么惊天动地的大事，也没有做过什么石破天惊的义举，他做的只是在雨中帮助迷路的大娘找到家，帮助战友缝洗被褥；他做的也只是宁可自己挨饿却把午饭让给战友，当人民和战友有困难时，他拿出自己省吃俭用积攒下来的钱，悄悄地、不留姓名地寄给他们……

　　22年，在历史的长河里只是短暂的一瞬，但就是这样一名年仅22岁的小战士，留给我们的却许多许多。他的一言一行无不凝聚着积极向上、勇于进取的精神；他的每一篇日记、每一篇文章无不闪烁着乐于思考、善于思考的哲学火花。他把对工友、对战友、对孩子们的爱融进日常的生活和学习中，这种关爱是涓涓细流，它沁人心脾，让人感动！他把对党、对人民的爱付诸实际行动中，这种爱是滔滔江水，它催人奋进，给人力量！他留给我们的是一本耐人寻味的人生百科全书，他留给我们的是一坛回味绵长的陈年美酒。在他短暂的一生中，我们品味到应该如何对待自己的人生，感受到人生的价值究竟是什么，领悟到在生活的仓库中也要像他一样不应该只是无穷尽的支付者！人生的真谛我们都可以在雷锋精神中找到答案。从身边的事情做起，从小事做起，从点滴做起，彰显雷锋精神乐于助人和自觉实践的重要价值。近半个世纪以来，人们把雷锋精神当做自己人生的目标和追求，它指引着我们一代又一代人为社会主义的建设贡献自己的力量。让我们像雷锋那样把"有限的生命投入到无限的为人民服务之中去"，在人生中获得最大的幸福和快乐！

童年苦难

只有经过痛苦的磨砺，才能成长为顶天立地的人。得到党和人民的关爱，他才能倍感甘甜的滋味。童年的苦难没有使他屈服，相反的，使他更加坚强，他懂得什么是关爱，应该怎样去回报给他这种关爱的党和人民。

 ## 苦难中出生

★★★★★

1940 年 12 月 18 日（农历十一月二十日），响亮的婴儿啼哭声在几间不避风雨的破茅屋中回荡，一个男孩出生了。谁都不会想到，出生在这个贫苦农民家里的小男孩会成长为中国人民近半个世纪以来学习的典范，他崇高的精神会成为全人类共同的精神财富！

他就是伟大的共产主义战士——雷锋。

从湖南长沙跨过湘江，越过岳麓山，沿着长宁公路西行十几公里是望城县安庆乡，在那连绵的丘陵之间有个名叫简家塘的小山村，雷锋就出生在这个小山村里。雷锋原名雷振兴，因为他出生的这一年是农历庚辰年，所以家里人就给他取了个乳名叫"庚伢子"。

1940年，日寇的铁蹄践踏到湖南、湖北的许多地区，人民的生活处在水深火热之中。小雷锋的出生给这个家庭增添几分欢乐也增添几分忧愁。雷锋的爷爷雷新庭，租种地主几亩地，辛勤劳作，还是维持不了一家人半饱的生活。在小雷锋3岁的那一年冬天，地主逼着他一定要在年关时节还清地租，否则就不许雷锋一家再租种田地。雷锋的爷爷又气又急，活活地被地主逼死在年关时节。

雷锋的父亲雷明亮，在大革命失败后到长沙市仁和福油盐号当挑夫。在那个兵荒马乱的日子里，遭受到国民党军的毒打，内伤成疾，不得不带着伤病回到家乡种田、打零工。在日本侵略者占领雷锋的家乡后，他被日本人拉去做挑夫，又惨遭毒打，在小雷锋不满5岁时就死去了。

刚刚埋葬爷爷，雷锋的父亲又离开了他们，双重的打击使这个原本困苦的家庭雪上加霜。为了生活下去，母亲不得已把年仅12岁的哥哥雷振德送到天津市的一家机械厂当童工。他小小的年纪，哪里经得起这繁重的体力劳动？不久，得了"童子痨"（肺结核）。一天，他突然昏倒在机器旁边，轧伤了手指和胳膊，被资本家赶出工厂。他又带着伤病的身体到涝湾镇一家印染作坊当童工。由于劳累过度，在爸爸死去的第二年也死去了。

小雷锋再也得不到父亲的抚爱，再也不能和哥哥到蛇形山去玩了。看着哥哥静静地躺在那里，小雷锋抹着眼泪哭喊着："我要哥哥，我要哥哥……"

母亲含着眼泪，掩埋了雷锋哥哥的尸体。谁知不满 2 岁的小弟弟连病带饿，又死在母亲的怀里。一个个亲人的离去，一次又一次的沉重打击，雷锋的母亲悲痛欲绝。

雷锋不满 7 岁只剩下唯一的亲人——母亲。母子二人相依为命，过着十分艰难的生活。经历这一连串的打击，小雷锋超乎常人地成熟起来，他越来越懂事，经常帮助母亲干点儿零活，母亲伤心的时候，总是安慰母亲，逗她开心。

雷锋的母亲是个在苦难中挣扎着的刚强女人。她出生在一个十分贫困的铁匠家里，由于父母无力抚养，生下几天就被送进长沙市一家育婴堂。一个姓杨的妇女在育婴堂里当奶娘，很喜欢这个小女孩，就设法把她抱回家抚养，养到五六岁就送给雷家做了童养媳。十几岁结婚以后，便开始操持一家人的生活。她曾给资本家做过女工，刺过湘绣，打过草鞋卖，领着孩子到外地讨过米，也到地主家里当过用人。她年复一年地奔波劳累，换来的却是数不尽的灾难。在一家人相继去世后，她下决心一定要把小雷锋抚育成人。她悉心照顾着小雷锋，盼望着小雷锋快快长大。在那暗无天日的旧社会里，苦闷蓄积在雷锋母亲的心头，她背负着艰辛的生活重担和满腔的悲愤在苦难中挣扎着。她时常背着雷锋暗自落泪，常常一个人到雷锋爸爸的坟上去痛哭。沉重的生活担子，压得她喘不过气来；亲人一个接着一个地离去，使她心如刀绞；万恶的旧社会逼得她实在到了走投无路的境地……

1947年农历八月十五的晚上，山谷里洒着凄冷的月光。刘家祠堂门前已经唱响中秋的影子戏，锣鼓声、人们的喧闹声不时地传进雷锋的家中。"月儿弯弯照九州，几家欢乐几家愁"，望着清冷的圆月，雷锋的母亲触景生情，想起自己与家人无法再团圆，泪水像断线的珍珠一般流下来。小雷锋看到影子戏开始了，就跑进家中拉着妈妈一起去看戏。他推门看见妈妈坐在床上满脸泪痕，便一头扑在妈妈的怀里说："妈妈，别哭了。我们一起去看戏吧！"

妈妈的泪水滴落在雷锋的脸上、身上，她双手紧紧地抱住雷锋说：

"孩子，你还这么小，要是再没了妈妈，你可怎么活呀！"

雷锋还不完全懂得妈妈这句话的意思，他抬头看着妈妈的脸，说：

"妈妈，你不要哭，我不离开你！"

母亲怜爱地把孩子从头看到脚，长长地叹口气说：

"孩子，看你小手小脸弄得这么脏，来，妈妈给你洗一洗！"

妈妈打来一盆清水，把雷锋的手和脸都洗干净。然后又把他拉到身边，紧握着他的小手说："孩子，你一定要记住我们一家人都是怎么死的！"

"妈妈，我记得！"

"要记住，要报仇啊！"母亲哽咽着脱下外衣，给雷锋披在身上，说："孩子，穿上妈妈这件衣服少挨些蚊子咬，往后妈妈就不能再疼你了……"

"妈妈！"雷锋迷惑不解地望着母亲。

母亲借故把雷锋托付给隔壁六叔奶奶照看着，回到屋里就悬梁自尽了。

第二天，当小雷锋跑回家的时候，无论他怎样呼喊妈妈，妈妈却再也听不见儿子的呼唤，再也不能照料自己的孩子了。

可怜的小雷锋在不到四年的时间接连死去五位亲人，不满 7 岁便成为孤儿。

雷锋一家的遭遇是旧中国千百万被压迫人民苦难遭遇的一个缩影。三座大山的压迫使旧中国成千上万的人流离失所，遭受的苦难难以言表。

雷锋的六叔奶奶眼见这孩子失去父母，生活无依无靠，虽然他们自己的生活也十分艰难，但还是把他收养在家里。

小雷锋知道六叔奶奶家生活困难，有时便瞒着奶奶出去讨点米，有时回不了家就露宿在外。夏天，他被蚊虫咬得浑身是伤，背部伤口化脓，伤口越来越大，很久也不能愈合，疼得小雷锋眼泪含在眼眶里。六叔奶奶看在眼里，急在心中，但因为无钱医治只能给他洗一洗，用桐树叶子包扎一下。在六叔奶奶的细心照料下，小雷锋背部的伤口虽然痊愈，但却留下碗口大的伤疤。

经过一连串的打击，倔强的小雷锋学会了独立生活，为了帮六叔奶奶贴补家用，雷锋经常带着柴刀和扁担上山去砍树枝、挖树根换点钱来。周围的柴山都被地主霸占不许穷人上山砍柴。地主不让穷人上山砍柴，可他偏要去砍。有一次，小雷锋正在山上砍柴，被地主婆看见，气势汹汹地对他喊："你的胆子真大，敢到我家山上来砍柴……"她边骂边上前抢雷锋手中的砍柴刀。瘦小的雷锋不是凶悍地主婆的对手，地主婆抢走了雷锋手中的砍柴刀。愤怒的小雷锋扑上去要把自己的砍柴刀夺回来，谁知恶毒的地主婆却举起砍柴刀朝雷锋的手背上狠狠地连砍三刀。鲜血从年幼的雷锋的小手上流下来，雷锋忍住疼痛，忍住眼泪，愤怒的目光直视地主婆。这愤恨的、不屈服的目光使地主婆不由得倒退了几步，雷锋大声地喊道："总有一天我要报仇！"

⊕ 迎来新生活

★★★★★

　　解放前夕，我党领导的解放斗争在全国开展起来。在雷锋的家乡溆湾镇有几位地下党员注意到这个在苦水中泡大的孩子。地下党员彭德茂非常喜爱这个机警、勇敢的孩子，便带着他张贴迎接长沙解放的标语。"共产党万岁！""毛主席万岁！"这些标语像升在雷锋心头的朝阳，给他带来新的希望和无限的光明。

　　1949 年 8 月，长沙和平解放，一支解放军队伍要经过长宁公路。雷锋知道后，心里想着解放军叔叔的和蔼笑容，想着这支为人民打天下的队伍就快来了，高兴得一宿没有合眼。

　　第二天，雷锋早早地起来和乡亲们一起迎接解放军。一支风尘仆仆、精神抖擞的队伍开过来了！雷锋赶紧跑上前，迎到队伍跟前，他双手捧着茶杯，眼里噙着热泪，一声声招呼解放军："叔叔，喝茶！叔叔，喝茶吧！"雷锋小小的身影穿梭在解放军队伍中，队伍断断续续过了一整天，小雷锋也跟着忙了一整天。傍晚，一支队伍要在这里宿营，战士们帮助老乡挑水、扫地，解放军叔叔的一举一动他感到格外亲切，亲热得如同一家人一样。他在战士们身边转来转去，问这问那，不知有多高兴。不一会儿，他就和部队的一名小通信员混熟了。

他是怎么当兵的？多大年纪能够参军？我参军行不行？雷锋心里想着，就悄悄地问了起来：

"你是怎么当兵的？"

"志愿当的呗。"小战士回答。

"我志愿行不行？"

"你？"小战士笑了，"你还没有步枪高呢，就想当兵？"

雷锋眨眨眼睛，不服气地抓过小战士手里的枪，说："比比看。"

"不用比，比，你也没有这枪高。"小战士笑道。

"别看我小，我什么也不怕，跟连长说说带我走吧！"雷锋央求着。

"要说还是你自己说去吧！"小通信员说完就忙着做其他事去了。

部队在这里只宿营一夜，第二天早晨就准备出发。当那位带兵的连长向乡亲们告别时，雷锋急切地来到他身边。

"连长叔叔，我要当兵，带我一起走吧。"

看到这个小孩子要当兵，连长笑了笑，问："你这么小，为什么要当兵？"

"我要报仇，报仇啊！"

连长抚摸着雷锋的头，双手握住他的肩膀，说："你的仇就是我们的仇，我们给你报！"连长一边说着，一边掏出一支钢笔递到雷锋手里："你年纪小，你的任务是要好好学习，等长大了再参军保卫和建设咱们的新中国！"

雷锋懂事地点点头，含着眼泪接过钢笔，目送着解放军队伍远去。解放军连长的这番话时刻回响在雷锋的耳畔，解放军叔叔的声声嘱咐映照着雷锋成长的足迹。

1950年，安庆乡成立农民协会进行土地改革。雷锋积极投身这场运动，当上了儿童团长。这个翻身做主人的孤儿，手持红缨枪站岗、放哨、巡逻，防止敌人破坏。他还跟土改工作队的人学会说快板、搞宣传，常在群众中说唱《百子歌》："地主出门坐轿子，带着狗腿子，手拿算盘子，逼着农民交租子……"

土地改革结束时，乡政府按政策分给他二亩四分田，在分房屋、家具、衣物时给予额外照顾。这一切使小雷锋真切地感受到只有在共产党的领导下穷苦大众才能翻身做主人，也只有跟党走才能有光明、幸福的前途！

学生时代

在党和政府的关怀照顾下，他免费读高小，掌握了一定的文化知识。毕业后，他怀揣着当个好农民、好工人、好战士的远大理想，深切表达着自己对党和社会主义祖国的坚定信念，在人生旅途中实践着自己的诺言。

 走进学校

★★★★★

从苦难中成长起来的小雷锋，终于过上了幸福的生活。

1950 年夏末，安庆乡人民政府保送雷锋到龙回塘小学免费读书。开学第一天，乡长彭德茂亲自送他上学。这是雷锋过去想也不敢想的事，今天竟变成了现实。他身着崭新的衣服，迈着轻快的脚步跟着彭大叔来到由刘家祠堂改建的学校。

坐在课堂上，望着老师、望着同学，雷锋的心情无比激动。老师认真地讲，雷锋聚精会神地听，大声地跟着老师一句一句地念着……雷锋的心中充满了对新生活的热望。

由于农村办学条件有限，从 1951 年的春天，雷锋先后到上车庙、向家冲小学读书。无论在哪所学校，他都认真学习，一直是个品学兼优的学生。

1954 年秋天，雷锋以优异的成绩考上望城县清水塘完小，读五年级。清水塘完小离雷锋的堂叔家很远，他每天起早去学校，从未因为家远而迟到。他克服困难，勤奋学习，受到师生们一致好评。

经历过旧社会的苦，雷锋更加懂得新社会生活的来之不易，更加珍惜新的生活。在清水塘小学读书期间，雷锋以优异的学习成绩加入中国少年先锋队，成为一名光荣的少先队员。雷锋时刻盼望着入队宣誓那一天的到来。

这一天终于到来了！辅导员老师庄严地宣布着每一名少先队员的名字，雷锋和新队员走到台前整齐地站在庄严的队旗下。辅导员在欢乐的鼓声中给他们一一佩戴上崭新的红领巾，每个少先队员的脸上充满着幸福的笑容。辅导员给他们讲解队旗、红领巾的意义，告诉大家如何做个好队员。雷锋抚摸着胸前的红领巾专心地听着，字字句句记在心头。

1955 年上学期，雷锋转到离家较近的荷叶坝完小（今湖南省

△ 1954年，雷锋加入中国少年先锋队时的留影

望城县雷锋学校）读书。当时这所小学还没有组
建少先队组织。他刚一跨进校门，同学们就被他
胸前飘动的红领巾吸引住了。

有的同学没有见过红领巾，问他这是什么，他回答说："这是红领巾，少先队员的标志！"雷锋还主动地给同学们讲队章，讲如何做一名合格的少先队员，帮助同学们了解中国少年先锋队这个先进的组织，鼓励大家早日加入少先队。当他给同学们讲这些的时候，他想到自己是这所学校唯一的少先队员，各方面应该做得更好才能真正起到一个少先队员的模范作用。所以，每天雷锋都比别的同学早到校，把黑板、桌凳擦得干干净净，然后再给校园的花坛浇水、拔草。同学们称赞说：真不愧是个戴红领巾的学生！不久，荷叶坝小学也建队了，雷锋被选为大队委员，担任旗手。

六一儿童节学校少先队组织同学外出过队日，雷锋高举队旗走在队伍前面。不巧途中下雨，他唯恐"用革命先烈鲜血染成的"队旗被淋湿，便急忙脱下衣服包住队旗，队旗保护得安然无恙，自己却被雨水淋透……

助人为乐

★★★★★

　　雷锋不但在生活上帮助同学，眼看着一些不认真学习的小同学，他也从心里着急。当时雷锋有个同班同学朱海涛，不认真听课、作业马虎，经常受到老师批评。放学后，雷锋为了陪他回家总是绕道，一路上谈心，帮助他树立信心，鼓励他好好学习，有时还同他一起学习，终于使他成为班上的优等生，又加入了少先队组织。

　　在党的关怀、爱护下，雷锋过上新生活，品尝到生活的甘甜。在他的眼里，对待生活中的每一件事都是积极的，做好每一件事都使他生活得更有意义。学校门前的荷叶坝上架着一座长长的石板桥，每逢下雨桥下的水又大又急，桥上的石板路又湿又滑，很多同学都不敢过。以后每逢下雨，大家都能看到雷锋在石板桥上接送同学、把年幼的同学一个一个背过桥去的身影。

一天，雷锋上学看见一位老人在前面的山路上挑着一担柴走，突然脚下踩空摔倒在地，雷锋急忙上前扶起这位老人，一看是双目失明的孤寡老人陈五爹。年幼的雷锋从小无依无靠，对待老人总有种特殊的感情，他觉得自己的身世与老人是何等的相似，老人太可怜，太需要人照顾。从此，他经常利用课余时间帮助老人砍柴、担水、打猪草，把老人当做自己的亲人。

1955年夏天，在农业合作化高潮中，雷锋主动把土改时分得的二亩四分田全部入社，他把农业社当成自己的家。社里开展扫盲运动时，他积极帮助社里办夜校，还主动当小教员。

1956年夏天，雷锋以优异的学习成绩在荷叶坝小学毕业。他刻苦读书，发愤图强，积极参加农业劳动，努力维护集体利益，他就像一株挺拔的小松树，伸枝吐叶，茁壮成长。7月15日，荷叶坝小学举行毕业典礼，他作为毕业生代表上台发言。他豪迈地说：

亲爱的老师、同学们：

我们小学毕业了。毕业以后，很多同学准备升入中学学习。我呢，我决定留在农村广阔的天地里，当一个新式农民。我决心做个好农民，争取驾驶拖拉机耕耘祖国的大地，建设社会主义新农村。将来，如果祖国需要，我就去做个好工人，为我国的社会主义工业化建设出把力。

将来，如果祖国需要，我就参军做个好战士，用自己的鲜血和生命保卫祖国。

同学们，让我们在不同的岗位上竞赛吧！

老师们，请你们看我的实际行动吧！

雷锋是这么说的，也是这么做的。在今后的人生旅途中，雷锋实践了自己的诺言。

走上工作岗位

小学毕业后，他先后当过村记工员、乡政府通讯员和望城县委的通讯员。在建设团山湖农场的艰苦劳动中，他得到锻炼，不怕苦、不怕累，当洪水泛滥时，他跳进急流中用自己的身体堵住缺口；在雷鸣电闪的雨夜，他冒着生命危险，抢救农场的拖拉机。从学校走上工作岗位是雷锋人生的一个重大转折，在他的成长过程中具有重要的意义，为他树立正确的价值观和人生观奠定了坚实的基础，他的"螺丝钉"思想就是在这段时期萌发的。

 出色的公务员

★★★★★

　　从一个孤苦的孤儿成长为一名有知识、有文化的高小毕业生，这得益于新中国的成立，得益于党的关怀，也得益于乡长彭德茂的关心和呵护。雷锋高小毕业后能够考虑到农村建设的需要，决心留在农村，做个新式农民，使彭德茂这位为新中国的成立作出贡献的老地下党员非常高兴。

1956年9月，彭德茂留雷锋在乡政府当通讯员，负责送公函，发通知。

开始走上工作岗位，雷锋心里很激动，总想多做些事情。正值秋征工作的紧张阶段，他除了完成本职工作外，还起早贪黑地帮助搞统计、制表格。

雷锋的工作积极、认真，很快在中共望城县委传开。11月，年满16岁的雷锋被推荐到望城县委当一名公务员（通讯员）。到县委工作，雷锋感到自己身上的担子更重了，他从心里想做得更多、做得更好。一到县委，机关的同志们就喜欢上了这个年纪轻轻的小伙子，他圆圆的脸上露出稚气，见到人不笑不说话，明亮的眼睛清澈如水，满溢着新社会幸福生活的欣喜。机关同志见他年纪小，手脚勤快，都亲切地叫他"小雷"。

县委领导工作很忙，有时晚上开会开到深夜，他总是坐在隔壁房里看书，陪到深夜直到散会，把会议室收拾干净再去休息。

一天晚上，县委书记张兴玉在办公室里看文件，雷锋像往常一样也坐在办公室里学习。

自从雷锋来到县委工作，就在张书记的身旁。雷锋的勤勉、认真使张书记多了几分对他的疼爱。看到小雷锋深夜还陪在身边，张书记深怕他着了凉，脱下身上的大衣轻轻披在他的身上。雷锋看到县委书记披在自己身上的大衣，顿时感到一股暖流涌上心头，眼泪如断线的珠子滴滴答答地落下来……

张书记爱惜地拍拍他的肩头说："小雷呀，我了解你的身世，你是个孤儿，是个在苦水中泡大的孩子，现在我们都翻身做了主人，这个变化是无数革命先烈流血牺牲换来的。你已经是个少先队员，今后要更加热爱党，热爱毛主席，向革命先烈学习，争取早日入团、入党，更好地为人民服务！我给你讲个刘胡兰的故事吧！"雷锋听得入了神,张书记说："刘胡兰英勇就义的时候就是你这么大，毛主席给他题词'生的伟大,死的光荣'。"刘胡兰真让人敬佩，他默默地记住张书记对他讲的话，也暗暗地记住了刘胡兰的故事。他还读过像《沉浮》、《钢铁是怎样炼成的》、《牛虻》等中外名著，并写下读后感，立志向这些英雄人物学习。

在县委工作期间，一件发人深思的小事，让雷锋做一颗"螺丝钉"的思想深深地扎根在心中。

一次，在雷锋跟随张书记下乡工作的路上看见个螺丝钉，他顺脚把它踢到一边去。张书记却上前拾起它，掂在手心上看看，然后装进衣袋。雷锋觉得很奇怪：一个县委书记，捡个螺丝钉干什么？这个小小的螺丝钉能有什么大用处？

几天后他们回到县委。交通班长让雷锋把一封信送到机械厂去，雷锋接过信就走。张书记叫住雷锋，随手掏出那天在路上捡到的螺丝钉让他一起交给工厂。雷锋刚想问，张书记说："咱们国家底子薄，要搞建设，就得艰苦奋斗啊！"张书记把螺丝钉放在雷锋手上，又语重心长地说："一颗螺丝钉，别看它小，每架机器上少了它就不能运转！你这个公务员，做一些平凡的工作，可这些工作也是整个革命事业这架大机器上的一部分，就像机器上的螺丝钉一样。"

"就像机器上的螺丝钉……"在今后的一段时间里，雷锋深深思索着张书记的话。是啊，螺丝钉虽小所起的作用可不小，一项伟大的事业不就靠这成千上万颗螺丝钉紧紧的、牢固的协作才能完成吗？雷锋的心里就像打开一扇窗，忽然亮堂起来。

雷锋平时工作不但认真还很细心。他负责收发的文件没有出现过任何差错，他保管的各种物品很少丢失或损坏，每天都把房间打扫得干干净净，待人接物诚恳热情，服务周到，机关干部非常喜爱他，一致称赞他。

在雷锋成长道路上，作为雷锋的思想启蒙老师——原望城县安庆乡乡长彭德茂、原望城县委书记张兴玉、原望城县委副书记赵阳诚等人从思想上、生活上给雷锋以莫大的关怀和照顾，雷锋的"螺丝钉"思想就是在这时萌发的。这时的雷锋还未能在思想上明确树立一个什么样的人生观、价值观，自己到底应该怎样更好地成长，自己到底要做一个什么样的人，但雷锋懂得应该热爱人民、向往革命、爱劳动、爱集体，产生了爱憎分明的阶级立场。在他们的悉心教导下，雷锋树立"螺丝钉"般爱岗敬业的生活价值观，思想逐步成熟起来。雷锋初步懂得了个人与集体的关系，形成了一种追求高尚的精神生活、崇尚共产主义品德和风格的心理趋势。在望城县委机关工作期间，雷锋又获得进一步学习的机会。当时，望城县委机关开办干部业余文化补习学校，他参加初中班学习，白天紧张工作，晚上潜心读书。工作之余，他还学写日记、学写稿件锻炼自己。

1957年2月8日，雷锋光荣加入中国共产主义青年团。还被评为中共望城县委机关"模范工作者"。

治沩模范

☆☆☆☆☆

在望城县境内有一条沩水河贯穿全县，人们都说沩水河里有河鬼，落雨就涨水，河畔两岸人民不知吃过它多少的苦头。为全面消除水患，保证人民群众过上平安生活，1957 年 10 月望城县委发动群众打响根治沩水河的战斗。全县男女老少都积极行动起来，投入到这场改造大自然的斗争中去。想到这如火如荼的场景即将展开，雷锋觉得自己应该贡献一份力量参加到这场战斗中去。他几次上交申请书，县委领导考虑他年纪小留在机关比较合适，都没有批准。可雷锋一见到张兴玉书记就请求去参加根治沩水河的战斗，张书记终于批准他的请求，让他到治沩工程指挥部去找县委副书记、根治沩水河工程总指挥赵阳诚。

雷锋背起行装来到建设工地，沩水河岸边车水马龙，人声喧嚣，一片沸腾，人们个个干劲十足。他把背包一放，顾不得擦去额上的汗水，找到治沩工程指挥部，见到县委副书记、治沩工程指挥部总指挥赵阳诚请求任务。一个风尘仆仆、满脸是汗、精明强干的小伙子站在总指挥的面前，眼前这位小伙子不正是担任通讯员这样一项既重要又艰苦工作的合适人选吗？赵阳诚总指挥笑着对雷锋说："还干你的老本行，留你在指挥部当通讯员。"

雷锋本想在建设工地上大干一场，却没有想到组织把他安排在指挥部当通讯员。虽然他知道在工地指挥部当通讯员，每天发通知，送文件，记电话，也是不可缺少的工作，但怎么也不比在工地上同大家一起挥汗、一起劳动更符合自己的要求。可这时雷锋的脑海里浮现出张兴玉书记弯腰拾起螺丝钉的一幕……于是，他把胸脯一挺说："请总指挥放心，让我干什么都行，当个通讯员也能起个螺丝钉的作用。"

就这样雷锋愉快地担任了治沩工程指挥部的通讯员工作。治沩工程指挥部设在呆山庙里，他住在呆山庙一间简陋的厢房，那里又潮湿又阴暗，四面透风。治沩工地位于东西两端相距 10 余公里的狭长地带，指挥部下设 11 个大队万余民工一起进行施工建设，传达通知精神和建设决策便显得极为重要。冬季雨雪天多，道路泥泞，十分难走，这也给传送建设讯息带来许多困难。每天，雷锋步行往返

△ 1958年2月，雷锋与望城县治沩工程部分领导同志合影（右一为雷锋）

传达文件通知，风雨中衣服淋湿了，冰雪中手脚冻红了，他从不在乎；有时到各大队送通知跑一趟回来，错过开饭时间，他就把冷饭用热水泡着吃，从不讲"苦"字。

为加快工程进度，指挥部的工作人员经常到建设工地参加义务劳动。一整天的劳动之后大家都十分疲乏，赵总指挥让大家早点休息。在这种时候，雷锋总是选择留下。强烈的工作责任感使他忘却疲劳，一再催促别人去休息，自己却在电话机旁守到天亮。

　　治沩工程开工后，一连几天下雨。沩水河借着呼啸的寒风，水位不断上涨，堆积在河边的水泥、木材等建设物资随时有被洪水吞没的危险。一天晚上，大风夹杂着暴雨，以迅猛之势向建设工地袭来，雨一阵紧似一阵，情况十分紧急。指挥部当机立断，紧急动员机关干部和就近的人民群众，奋力抢救国家财产。领导考虑到指挥部需要值班，让雷锋和几位女同志留下。同志们出发后，雷锋坐立不安，怎么也待不住，没过一会儿，他迎风冒雨直向停放建设物资的河边跑去。风还是猛烈地刮着，雨仿佛越下越大，打在脸上冰冷地疼。洪水疯狂地向上涨，已经溢出河岸，淹没道路，有的地方水深已没过脚面。雷锋奋不顾身涉水赶到河边和大家一起投入到抢救国家财产的战斗中，直到将建设物资全部转移到安全地带。当同志们称赞他时，他只是笑着说："我年轻，更需要在艰苦劳动中锻炼锻炼。"从这时起，雷锋对个人和集体的关系、个人幸福和人民幸福的关系有了比较明确的认识，并确立了为社会主义国家的建设奉献自己全部的崇高理想。他向往共产主义，崇尚共产主义者的精神，这在他为工地广播站撰写的稿子中得到充分体现，他充满激情地讴歌了这种共产主义者的劳动精神和优秀品德，这时的雷锋已经初步具备了共产主义者的品德和风格。

　　1958 年 2 月，治沩工程胜利竣工，由于雷锋出色地完成本职工作又自觉地参加劳动、参加抢险，成绩显著，被治沩工程指挥部评为"治沩模范"，参加了县委召开的庆功大会。

 # 优秀的拖拉机手

★★★★★

　　治沩工程的胜利，使沩水河两岸的人民安居乐业，高兴万分。1958 年春天，县委决定在沩水河畔围垦起团山湖开办农场，到那时候这片荒芜的湖沼地就会变成鱼米之乡。眼看着这新生活是多么的令人神往！雷锋的心情充满对新生活的渴望……

　　为了使围垦团山湖农场早日完成，共青团望城县委号召全县团员、青年捐款购买一台拖拉机给农场献礼。雷锋立刻拿出自己省吃俭用节约下来的 20 元钱送到团支部。在这次捐款活动中，雷锋是全县团员青年中捐献最多的一个，受到共青团望城县委的表扬。

县委书记张兴玉和副书记赵阳诚知道这件事后非常高兴。雷锋，这个在他们身旁成长起来的青年没有辜负他们的期望，有着远大的志向和高尚的品德，是个可塑之材。于是，他们决定派雷锋到农场去学开拖拉机，使他锻炼成材。

雷锋来到农场担任拖拉机手，这恰好圆了雷锋的一个梦想：在小学毕业后驾驶拖拉机耕耘祖国的大地。在梦想实现的巨大幸福的感召下，雷锋满心欢欣，他太想甩开胳膊大干一番了。眼前一片广袤的土地沉寂在雷锋的脚下，这是一万多亩沉睡的待开垦的湖沼地，春耕任务紧迫而又繁重。拖拉机一进农场，雷锋就跟师傅勤学苦练起来。清早，他来到拖拉机旁熟悉操作拖拉机各部分的名称；上工后，他一边给师傅当农具手一边把驾驶拖拉机的技术牢牢地记在心中；晚上，他认真阅读有关拖拉机的构造、维修保养和驾驶技术的书籍。在学开拖拉机的这段时间里，雷锋全身心地投入，甚至有时一边吃饭一边还在琢磨驾驶。他把脚踏在桌子横掌儿上做着踩离合器的动作，双手拿碗筷左右摆动就像转动着方向盘。同桌吃饭的伙伴们见了，冲他开玩笑说："看，小雷把拖拉机开进食堂了。"

功夫不负有心人。不长时间，雷锋就可以单独试车了。3 月 10 日的清晨，朝阳似锦，绿叶披着清晨的露珠在朝阳的映射下，散发出勃勃生机，鸟儿在枝头上跳跃鸣叫，团山湖农场显得格外朝气蓬勃。在拖拉机旁，雷锋正细心检查机件、擦洗机身，认真做好出车前的准备。场部许多人跑来观看雷锋试车，一双双热情的手伸向雷锋，预祝他试车成功。

今天，雷锋终于盼来自己为社会主义建设添砖加瓦的机会。试车开始了！雷锋从容地坐进驾驶室，师傅坐在他身旁，向他嘱咐几句。雷锋微笑着向大家扬扬手，他信心十足，熟练地发动引擎，加大油门，拖拉机唱着欢乐的歌向前开动。前来观看试车的人不顾拖拉机扬起的尘土，一个个兴高采烈地跟在后面，赞叹声、说笑声和轰鸣的引擎声汇合在一起，好不热闹。

雷锋镇静地把稳方向盘，拖拉机顺利地驶进湖沼地，他果断地把农具升降操纵杆一压，随着拖拉机的前进，后面翻起一道湖沼地的泥浪。

雷锋试车成功啦！从此，望城县有了自己的拖拉机手！

当天晚上，雷锋怀着激动的心情写下《我学会开拖拉机了》的文章，描述自己对党的感激之情和学习拖拉机驾驶技术的体会，这篇文章发表在

1958年3月18日的《望城报》上。在全县青年建设社会主义积极分子代表大会上，雷锋还向代表们作了驾驶拖拉机的示范表演。

雷锋说：我像一个学走路的孩子，党像母亲一样扶着我、领着我，教会我走路。我每成长一分，前进一步，这里面都渗透着党的亲切关怀和苦心栽培。这些内容的表白，谈到他对党的感受和对党的教育、栽培的感谢，这也正是雷锋树立正确世界观的重要时期，也正是在这段关键时期，雷锋树立了崇高的信仰和坚定的信念，那就是忠于党，永远听党的话，在这个坚定信念的指引下，进而确立了他心中的信仰，开始自己平凡而伟大的一生的起点，并把它置于自己人生价值的核心地位。这是雷锋表现自己人生历史观和价值观的一个重要体现。

5月上旬，望城地区连续下雨，沩水河水位涨到警戒线以上，团山湖农场处于紧急防汛状态。

一天傍晚，大家正准备收工休息时，突然有人喊雷锋，说停放拖拉机的场地进水。雷锋一听，径直朝停放拖拉机的地方奔去。洪水在猛烈上涨已触及车轮。他见此情景，立即跳上驾驶台，把拖拉机开到山坡地，又搬来石头卡住车轮。雨越下越大，洪水还在不断上涨，拖拉机虽然停放在山坡上，雷锋仍放心不下，他回到工地，带上工具袋，取来一块油布，提上一盏马灯，准备去守护拖拉机。天已经黑下来，通往停放拖拉机的道路水深过膝，无法辨认，涉水过去是很危险的。但雷锋不顾一切奔到停放拖拉机的地方，这块山坡很快变成"孤岛"，周围一片汪洋。雷锋把身上披的油布盖在机头上。他坐进驾驶台，眼前一片漆黑，只有哗哗的水声和他保护拖拉机的心跳声不停地交响着。一直到后半夜洪水开始消退，雷锋才从车上跳下来，借着马灯微弱的光亮，围着拖拉机这里敲敲那里摸摸，试着发动一下引擎，知道拖拉机没事他才放心。

在参加团山湖农场建设的过程中，他确立了坚定的人生观和价值观，在思想成长上实现质的飞跃。1958 年 6 月 7 日，雷锋在日记中写道：

……如果你是一滴水，你是否滋润了一寸土地？如果你是一线阳光，你是否照亮了一分黑暗？如果你是一颗最小的螺丝钉，你是否永远坚守在你的生活岗位上？如果你要告诉人们什么思想，你是否在日夜宣扬那最美丽的理想？你既然活着，你又是否为未来的人类生活付出了你的劳动，使世界一天天变得更美丽？我想问你，为未来带来了什么？在生活的仓库里，我们不应该只是无穷尽的支付者。

秋风奏响收获的序曲，沉甸甸的稻穗满眼望去一片金黄，燕子在田野上空飞翔、呢喃。昔日荒芜的团山湖，如今变成米粮川。1958 年 8 月 1 日，雷锋吃过晚饭后在田间散步，看着这一派丰收的景象，他情不自禁地写下这样感人的诗篇：

南来的燕子啊！

新来的候鸟，

从北方飞到南方，

轻盈地掠过团山湖的上空，

闪着惊异的目光。

我听清了呢喃的燕语，

像在问："为什么荒芜的团山湖，

今年改变了模样？"

南来的燕子啊！

让我告诉你吧：

团山湖这片未开垦的处女地，

是由于党的巨大的力量，

才围垦成一个新的农场；

是他们——农场的工人们，

用勤劳的双手，

给团山湖换上了新装。

......

来到鞍钢

来到鞍钢，雷锋从农业战线走上工业战线。这是他世界观形成的一个重要里程碑，是雷锋成长道路上的一个重要转折点。在弓长岭矿建设工地，为加快施工进度，雷锋脱下鞋，挽起裤腿，踏进冰冷的泥水中去和泥；暴风雨之夜，他想起工地还有七千多袋水泥没卸车，冒雨抢卸水泥并把自己的被褥抱来盖在水泥上。他认为越是困难，越是艰苦的地方，革命者就越应当去，他说："我情愿做这样的'傻子'。"

 ## 敬业的推土机手

★★★★★

经过团山湖艰苦的锻炼，雷锋越来越成熟，思想和眼界越来越宽广。他在不断学习中完善自我，确立处处为党和人民利益着想，全心全意为人民服务的世界观。1958 年 9 月，鞍山钢铁公司派人到望城县招收青年工人。雷锋听说鞍钢大工厂来望城县招收工人，能当上工人，为祖国建设作更大的贡献这不正是自己的愿望吗? 征得县委领导的支持和农场领导的同意, 他正式报名。当时, 有很多人听说鞍山钢铁公司在北方, 冬天天气寒冷, 夏天闷热, 都不愿意到那儿去, 招工工作遇到困难。雷锋听说这种情况, 就主动当一名义务宣传员, 宣讲参加大工业建设对国家建设的益处, 鼓励年轻人要多锻炼, 在暴风雨中成长。他的宣传动员果然起到很大的作用, 时间不久, 完成了招工任务。

拿到招工登记表,雷锋感觉到沉甸甸的。回想自己从一个孤苦的、无依无靠的孤儿到一名少先队员, 到一名优秀的拖拉机手, 再到今天能够成为一名工人, 他的心情是何等的激动! 从农业战线走上工业战线是他一生中的重大转折。他走上新的岗位, 翻开人生又一页华美的乐章。他在思考自己旧社会的名字——雷振兴, 它含着多少眼泪, 含着多少的苦难, '雷振兴'是个孤儿的名字, 我早已不是孤儿了! 他要把这一切全部抛开, 重新投入到全新的生活中去。他决心到鞍钢打冲锋。于是在鞍钢化工总厂职工登记表上的'名字'一栏中, 他郑重地写下"雷锋"两个字。

在告别家乡之前, 雷锋怀着崇敬的心情专程去韶山瞻仰毛主席故居。

11月, 雷锋同青年伙伴从长沙乘火车北上, 在途中最令雷锋感到兴奋的是他看到武汉长江大桥和北京天安门, 雷锋心情振奋, 特地到这两个地方拍照留念。

终于到鞍钢了! 鞍钢宏伟的建筑、高大的厂房、耸入云霄的烟筒、四通八达的运输线, 处处显示着工人阶级的伟大气概和力量。鞍钢真大呀! 这是雷锋到鞍钢的第一个印象。

到鞍钢的第一课就是参观钢厂, 红彤彤的钢水从炼钢炉中倾泻而出，转眼间变成钢材，这是多么神奇，这其中蕴含着多么巨大的力量！看到炼钢工人争分夺秒的劳动场面，他恨不得立刻投入进去。紧接着他们参观鞍钢化工总厂。这里一片震耳欲聋的轰鸣使初来乍到的年轻人感到头晕目眩。穿梭的运料汽车、运煤火车，运行中的发电机、翻车机、推土机、门型吊车、传送带、炼焦炉，还有那不断鸣响的汽笛，它们以各自独特的音调和节奏，演奏着大工业的交响曲。他们穿过厂房，来到煤场，正赶上一列火车满载着乌黑铮亮的煤隆隆地开进来。只见一节车皮驶上翻车机，突然一转"哗啦啦"一声巨响，整车的煤就卸到煤场。煤场里有几辆推土机把卸下的煤推到高大的门型吊车底下，吊车再把煤吊走，送到配煤车间……

雷锋十分惊奇地看着这一切，心里愈发地敬佩工人阶级。根据实际工作情况，雷锋等二十多个新来的年轻人被分配到化工总厂洗煤车间学徒。

雷锋不理解自己为什么没被分配到炼钢车间，见到化工总厂洗煤车间主任于明谦便问："我是来炼钢的，为什么把我分配到洗煤车间来？"于主任笑着问他的名字，才知道是雷锋。眼前这个小伙子个子不高，浑身透着一股子干劲，透着一股子灵活劲儿，知道像雷锋这样不理解炼钢和运煤有什么关系的青工还大有人在，于主任和大家说："每天我们把大量的煤炼成焦，再送到炼钢厂去，才能出钢材。没有洗煤车间，炼钢厂就没有燃烧的动力和原料。你们说，这洗煤重不重要，与炼钢有没有关系？"雷锋和同伴们似乎有点明白这其中的关系了。于主任接着说："大工业生产就像一架机器，每个工厂、每个车间、每个工种，都是这架机器上的零件和螺丝钉，谁也离不开谁。"螺丝钉？好一个螺丝钉！雷锋忽然回想起张书记说过的话，他的思想豁然开朗，是啊，在鞍钢这架大机器上，自己做什么工作都是一颗小小的螺丝钉。

雷锋正式成为鞍钢化工总厂洗煤车间的一名工人。临近年底，生产任务十分紧张。煤场主任白明利知道最近从湖南招来了一批年轻人，要求车间赶快给他们挑选一名思想好、身体棒、懂些技术的青工来担任推土机手。于主任经过了解，雷锋原来在家乡开过拖拉机，有些基础，就把他派到煤厂学开推土机。白主任打量着这个个头不高的年轻人，心里想：开过拖拉机再学推土机，技术上是有些相通，更容易学会，但他长得也太单薄，学开斯大林 80# 推土机恐怕得吃力。可于主任给派了过来，又不好意思回绝，只好先把雷锋留下先观察观察再说。其实白主任的担心不无道理，斯大林 80# 推土机是前苏联生产的一种大型推土机，运煤量高，但同时机车体型庞大，动力强劲，工作时需要消耗的体力也大，白主任怕雷锋吃不消。当时煤厂还有一种小型推土机是德特 54#，根据自身条件，白主任想让雷锋学开这种推土机，可雷锋却坚持开斯大林 80# 推土机。他和白主任谈到自己的家世和来到鞍钢的想法，他觉得开大车能多干活，能更好地为祖国的建设做贡献，他请求白主任能继续让他学开斯大林 80# 推土机。这次见面的谈话给白主任留下了深刻的印象，他决定让雷锋学开斯大林 80# 推土机。

雷锋来到在煤场停放的斯大林80#推土机跟前，马上就要学开推土机了，自己虽然开过拖拉机，但他知道这两种机器肯定有着不同，他仔细地观察，认真地揣摩起来。

　　按规定不是机车的驾驶人员是不许随便上车的，负责带雷锋的李师傅见推土机上有个人，便问道："是谁？"

　　雷锋立刻跳下车，赶紧说："我是新来的工人，叫雷锋。您就是李师傅吧？"李师傅明白了，车间早就说给他派个徒弟兼助手。可这……矮个子，娃娃脸，刘海头，他还是个孩子啊！雷锋仿佛从师傅的眼神中猜出了几分，急忙说："放心吧，师傅，什么苦我都吃过，我都不怕……"

　　就这样，李师傅收下雷锋做徒弟，并在白主任主持下签订为期一年的"师徒包学合同"。雷锋从学徒那一天起，每班都早来晚走，勤勤恳恳，虚心请教，不过一个月就能单独驾车作业。

　　北方的冬天，雪大风也大，推土机在冰雪覆盖的煤场上作业，对一个初到东北的南方小伙儿来说，是一种考验。尤其是每当风雪天，在推土机吊车下推煤时，为了保证吊车司机和推土机手在能见度较差的情况下安全作业，雷锋总是跳下车，上下指挥，避免吊车运行不慎碰到推土机上。风雪中，他系紧头上那顶蓝布棉帽子，嘴里呼出的热气在帽耳周围结成一圈白霜，漫天的煤粉和雪花混合起来飘落在他身上脸上。每当休息时，李师傅总是叫雷锋进屋去暖和暖和，可他却很少进屋。李师傅明白：这是雷锋担心推土机停车后，水箱或发动机冻坏，仍留在驾驶室里忙这弄那，保证机械正常运转……

　　他驾驶的斯大林80#推土机机头高，雷锋坐着开看不见前面的大铲子；站着开，车棚又碰脑袋，他不得不猫着腰干活。一天8小时的班，累得腰酸腿痛，他从不说一声累，白班夜班坚持着。白主任见他开大车实在太吃力，想给他换个小车，可雷锋就是不肯换，白主任打心里佩服这个倔强的小伙子。

1959 年春天，鞍钢对各厂徒工进行一次技术考核。雷锋不怕困难，认真学习，通过化工总厂洗煤车间对推土机手的考核，获得冶金工业部鞍山钢铁公司安全操作允许证，成为鞍钢一名合格的正式工人。

雷锋拿到"安全操作允许证"，可以离开师傅单独工作。李师傅仍然和他同班作业、同班开车。无论机车出现什么故障，他都和师傅一同学习，时间久了，自己便也学会了检修。最辛苦的要算上冬天检修机车，为了让师傅多休息，他总说实践出真知，每次检修他都争抢着钻到车盘底下，仰着身子仔细检查、清洗机器部件，作业服经常被冰水浸透，没有人听见他喊一声苦。

在实际工作中，雷锋不断要求自己不但在操作技术上娴熟，还在困难面前不低头，认真钻研，勤于思考，解决困难，充分体现雷锋干一行、爱一行、钻一行的钉子精神。他们驾驶的斯大林 80[#]推土机在工作中经常要爬上煤山的斜坡进行操作。有那么几回，推土机爬坡不过几米，发动机突然熄火，十多吨重的推土机斜躺在煤坡上一动不动，不知道出了什么毛病，眼看着这偌大的煤山运不出去影响下一步的生产，师徒二人非常着急。

下班回到宿舍，雷锋拿着推土机的说明书和其他有关书籍反复琢磨，一夜都没睡。终于，他茅塞顿开。原来，推土机在坡度较大的地方作业，由于

△ 1959年初，鞍钢化工总厂举办业余文化补习班，这是雷锋担任语文老师时的留影

发动机超负荷运转，造成汽缸里进的油和空气比例失调，起动机就会憋火。第二天，雷锋把这个想法和师傅说了，他们试着改进操作方法，并设法调整汽缸里的进油量，机车再爬坡作业也不熄火了。

从小受到高小教育的雷锋，文化程度相对比较起来较高，又经过在望城县委、县政府的锻炼增长了学识，这些为他在鞍钢的发展奠定了基础，也使他在众多的工友当中脱颖而出。1959 年春天，洗煤车间举办职工夜校，组织大家学习，雷锋也参加了学习。夜校有两名专职教员轮流教学，有些忙不过来。专职教员在课堂上发现雷锋语文程度比较高，就试着让他代讲一堂课，结果大家反响很好，车间就批准他做兼职语文教员，教白班语文课。雷锋总是比学员来得早，先把教室打扫干净，把黑板擦拭干净，学员一到准时上课。这个班学员多是老工人，年纪比雷锋大许多，平时雷锋称他们为师傅，课堂上他们却称雷锋为"小雷老师"。他备课认真，批改作业也认真，受到大家一致认可。

经过在鞍钢这座大工厂的历练，雷锋更懂得帮助别人、关心别人的重要。他初步确立了团结友爱、助人为乐、甘于奉献的人生观。他不但在生活上关心工友，得知工友家庭困难时悄悄寄出 30 元钱；工友的粮票、饭票丢了，他主动帮助工友买饭，并拿出自己的粮票和饭票；工友病了他连夜背着到医院治疗，在工友住院期间，他多次看望，每次都不忘带些东西……他还从思想上关心工友，有的工友过不惯北方生活，到鞍钢后不久就想回家乡去，雷锋就想尽办法劝导这些工友，使他们安心在鞍钢扎下根来……

→ 弓长岭建设者

★★★★★

1959 年 8 月，鞍山钢铁公司决定在辽阳弓长岭矿山新建一座焦化厂，要调一些人到那里去参加基本建设。领导在作动员时讲明建设新厂对于鞍钢发展钢铁生产的重要意义，也说明了辽阳弓长岭条件较差，环境艰苦。雷锋常说：不经风雨，长不成大树；不受百炼，难以成钢。迎着困难前进，这也是我们革命青年成长的必由之路，有理想有出息的青年人，必定是乐于吃苦的人。当他听到这个消息后，决定要到辽阳弓长岭去参加建设，为祖国的社会主义建设作出新贡献。

就这样，雷锋和他的青年伙伴怀着对祖国的热爱和对大工业建设的渴望来到弓长岭焦化厂工地。刚来到这里，工人宿舍还没盖起来，他们暂时住在破旧的土房里，冷风呼呼刮来，旧房子不严实，有时冻得大家睡觉都不敢直腿，要是遇上雨天，屋外下大雨，屋里下小雨。食堂是临时搭起的席棚，厨房是露天灶，吃水用水都要走二里多坑洼不平的山路到村子里去挑，这里的工作条件、生活条件与鞍山比真是差远了。

　　但雷锋似乎没有时间关心这些，很快投入到新的环境当中。焦化厂的建设工程很快开展起来，修建宿舍运石头，雷锋挑重的背；搬木料，他拣大的扛；发现好人好事，他编快板、写墙报，进行宣传。这一切使大家忘却了这里条件的艰苦，齐心协力投入焦化厂的建设。入冬以后，弓长岭山区格外冷，给建筑厂房的施工带来困难。雷锋所在的小组承担和泥这个最脏最累的工作，干了两天，雷锋发现砌砖和运砖的工人上班后，要等泥和好才能开始干活，每天有个把小时不能施工，影响施工进度。雷锋发动小组的共青团员，每天提前上班提早和好泥，等砌砖运砖的工人一上班马上就能干活。他们的行动有力地促进了施工进度。

　　刚开始施工，他们用土和泥砌砖，砖墙砌得不是很牢固。他们就把蒿草、沙子和土掺在一起解决了这个问题。但是，由于和泥材料的混合性较差，泥和得很不均匀，其他的工友提出意见。为了加快施工进度，他穿着胶鞋到泥堆里去和泥。可是脚踩下去，鞋就被泥粘住。为了完成工作任务，雷锋脱下鞋，挽起裤腿，赤着脚踏进泥水中去和泥。泥水冰冷刺骨，碎石乱草扎得脚生疼，可这些对雷锋都像是没有影响，他的干劲感染了大家，伙伴们也学着雷锋的样子全然不顾地赤着脚和泥。寒风中，一群新中国的普通建设者，在一位小个子青年的带领下，奏响一曲甘于奉献的高歌。

　　经过雷锋和工友们的一番努力，施工进展明显加快，但同时新的问题出现了：砖墙越砌越高，可越高越不便运泥。雷锋一边赤脚踩泥,一边想着办法。雷锋想设计个吊斗运泥,于是他把大家叫在一起,用木棍在地上画图样,讲解他的想法。"行,保证行。"伙伴们赞成他的想法并立即向工段领导进行汇报,这个想法立刻得到领导的认可,当天工地上就架起"横杆吊斗"。吊斗不仅解决了高空运泥问题,也解决了运砖问题,工作效率大大提高。

天气越来越冷,早晚开始结冰,青年工人们遇到的困难也越来越多。最后一栋宿舍还在打地基,急需在冰冻前完工,偏偏在这时,打地基用的石头没有了。为了解决这个问题,团支部组织团员青年组成青年突击队寻找石头。雷锋积极地组织团员青年,利用业余时间四处寻找石头。这天,雷锋和工友发现离工地不远的河沟里有不少石头,他们找来钢筋往上捞,捞不上来,就脱下鞋挽起裤脚踏碎冰碴儿蹚着河水去捞。小河深处水没膝盖特别冰冷,他们咬着牙坚持把石头一块一块搬上岸,为了多捞一些石头,雷锋跑回工地,找来青年突击队队员,他们跟着雷锋下去捞了一整天,打地基用的石头问题得到解决。

雷锋这种忘我的劳动热情和勇于克服困难的精神,在建设工地上受到普遍称赞,被广为传颂。一天夜里刮起大风,风沙灌进土房,屋里冷飕飕的,大家都没睡着觉。挨着他睡的一位老工人把压脚被盖在雷锋身上,雷锋又把被子还给老师傅。

"南方小鬼比不上北方人扛冻!"老师傅硬是给他盖上了。

"师傅,我什么苦都吃过……"雷锋见大家睡不着觉,就喃喃地讲起自己童年的往事。讲起他的爷爷、爸爸、哥哥、弟弟和妈妈在不到四年的时间相继离去,自己不满 7 岁就成了一个无依无靠的孤儿,讲到妈妈离开自己的时候,雷锋泣不成声。"是远房的六叔奶奶收留了我，又得到当时的地下党员、后来当乡长的彭大叔的关照，我才能上学。有了新中国，有了中国共产党，我才能当通讯员，当拖拉机手、推土机手，比比过去，眼下有个睡觉的地方就是福啦！"寒冷的夜晚大家听到雷锋的遭遇无不同情，又为雷锋能吃苦、勇于奉献的精神所感动。

从望城县到鞍钢的化工总厂洗煤车间，再到辽阳弓长岭矿，雷锋一路走来却始终没有忘记读书、学习。在繁忙的劳动中，雷锋给自己规定：不管多么忙，每天必须挤出时间读书。在弓长岭建设期间，由于时间紧，有时晚上开会，把学习的时间挤掉了，他宁肯少睡一会儿也要坚持学习。为了不影响别人的休息，他看到调度室很安静，灯光明亮，于是那里就成了雷锋晚上学习的最佳地方。一天晚上，雷锋正在调度室里看书，忽然听外面下起雨来，住在这里的调度员十分着急地说："工地上有几节车皮的水泥没卸下来，若遭雨淋湿，国家的财产就要受到损失，施工进度也得受到影响！"

水泥是国家财产，是工地急需用的建筑材料，决不能让它受到任何损失。雷锋马上顶雨跑回宿舍，叫上二十几个小伙子，大家分头找雨布，找芦席，抬的抬，盖的盖，雷锋把自己的衣服、被子抱出来盖在水泥上，保证7200多袋水泥没有受到任何损失。可雷锋的衣服、被子却连泥带水弄了个一塌糊涂。

没过几天，《辽阳日报》报道了雷锋抢救水泥这件事，赞扬他舍己为公的事迹。

10月25日雷锋在日记中写道："青春啊，永远是美好的! 可是真正的青春只属于这些永远力争上游的人，永远忘我劳动的人，永远谦虚的人。"从这些文字中我们可以体会到雷锋高尚和火热的心灵，他在不断调整自己的人生坐标。在自己的日记中他说："1958年入厂的时候，我只是一个抱着感恩的思想埋头苦干的工人，在生产上只能做到完成自己的任务和达到每天的定额。后来，在党的教育下,……才使我的思想和眼界变得更加开阔和远大，才使我的干劲越来越高涨。由于党的教育，我懂得了这个道理：一朵鲜花打扮不出美丽的春天，一个人先进总是单枪匹马，众人先进才能移山填海。"在这样的思想根基指导下，雷锋的思想产生了飞跃，从最初的、朴素的报恩思想和阶级感情，上升到理性认识，使他更加热爱党、热爱人民、热爱社会主义，从而确立了"生为人民生,死为人民死"的价值观、幸福观，便也就形成了雷锋全心全意为人民服务的世界观。

火红的青春满载着光荣和荣誉，雷锋在弓长岭焦化厂工地只工作了四个多月，加上他在鞍钢化工总厂当推土机手不到十个月的时间，总共只有一年零两个月，他三次被评为先进生产者，十八次被评为标兵，五次被评为红旗手，荣获"鞍山市青年社会主义建设积极分子"称号。

光荣的解放军战士

他实现了自己梦寐以求的愿望，成为一名光荣的解放军战士。他刻苦训练，苦练杀敌本领；他关心战友，团结友爱，帮助战友渡过生活和学习上的难关；他勤俭节约，艰苦朴素，把积攒下来的钱捐给辽阳灾区和望花区和平人民公社；他全心全意为人民服务，助人为乐，好事做了一火车。他视战友如亲人，是孩子们的知心人。他用自己的行动实践了全心全意为人民服务的人生目标，他具备了共产主义战士应有的道德情操，成长为一名共产主义战士。

如愿参军

★★★★★

　　1960 年度的征兵工作开始了，消息在弓长岭矿的工地上也传开了！从小就想当兵的雷锋一夜没睡。少年时代，路过雷锋家乡的带兵连长送给雷锋的钢笔，他一直带在身边，那是雷锋心中的一盏明灯，是他心中的一个信念。在临近报名的那天夜里，外面下着雪，刮着风，刮得屋外什么东西咕咚咕咚响，他以为是应征伙伴们跑去报名的脚步声，生怕自己报不上名。可算等到早晨三点多钟，他一骨碌爬起来，跑到负责征兵工作的团总支书记那里，砰砰地敲起门来，见他那个急劲儿，书记会意地笑了：

"你呀，半夜三更不睡觉，这么早跑来干什么？"

"我来报名。"

"快把衣服穿好，冻出病来就麻烦了。"书记把自己的棉袄披在雷锋身上，"说说你为什么一定去当兵？"

"为什么……"雷锋可是有很多话要说哪！十年前，我们全中国解放了，解放军队伍路过家乡，他想跟着队伍走，由于年龄小没走成，但参军的愿望一直藏在他心里。整整十年了，他已长大成人，谁还能阻止他实现这个夙愿呢！他对书记说："我是个苦孩子出身，吃过旧社会很多苦。我是在新社会长大的，生活一天天好起来，这好日子来得不容易呀，受过苦的人，谁不想保卫它！"

看着雷锋激动的样子和坚定的目光，书记答应给他报名。不过又说："你的身体不够结实，参军体检合不合格，我可不敢保证。"

"只要厂里同意，我才不怕呢。"雷锋信心十足。

等到公布应征名单时，雷锋的名字果然没在上面，这下可急坏了他。书记给他讲了很多理由和道理，雷锋却一心想参军，实现他小时候的愿望。只有一个办法了，那就是他自己到武装部去试一试。说走就走，雷锋急匆匆地走了几十里路，来到辽阳市人民武装部见到余新元副政委。雷锋谈起自己小时候的苦难和经历，讲到人民解放军对他的启蒙和鼓励，讲到人民解放军连长给他的那支钢笔……

向余副政委恳切表达自己要求参军的志愿和决心。

余副政委见他参军要求十分迫切，态度坚决，让他先到体检站去检查身体。这下雷锋高兴了，他飞快地来到体检站，看到一些应征青年正在体检，这些青年都比自己长得魁梧结实，心想这一关不好过啊！量身高时，他稍稍踮起脚来。医生笑着拍拍他的肩膀，让他站平再量。量体重时，雷锋上了磅秤使劲儿往下压。可就是这样他的身高不足 1.54 米，体重不足 55 公斤！

到内科检查的时候，医生发现他脊背上有一块碗大的伤疤，就问雷锋这伤疤怎么来的。雷锋给医生和来参加体检的同志们讲起自己的身世，同时也表明自己参军的决心，医生觉得雷锋尽管身体条件差些，但要求参军的目的明确，就建议他到武装部去谈一谈。经过谈话，武装部的领导同志暂时把他安排进预备队里，住在新兵集中营。武装部的领导同志和接兵的荆营长专门研究了雷锋入伍的问题，认为雷锋的立场坚定，入伍动机明确，虽然身体条件差一些，但他在农场开过拖拉机，在工厂开过推土机，多次被评为先进生产者和社会主义建设积极分子，相信他入伍后会成长得更快。最后决定：批准雷锋入伍。

当听到这一消息的时候，雷锋的心情分外激动，他入伍的愿望终于实现了。他在心里默默地喊着："妈妈，您的儿子如今已经成为一名光荣的解放军战士，再也不会受苦受难了。是党把我一步步培养长大，我要时时刻刻听党的话，为祖国的建设和人民的幸福做更多的事。"

就要踏上新的征程了，他来到武装部向领导辞行，庄重地说："请首长放心，我会成为一个好战士。"

△ 1960年1月，雷锋光荣参军

　　1960年1月8日，雷锋穿上新军装，成为一名新战士。一声汽笛长鸣，火车开动，雷锋和新战友们走上了保卫祖国的战斗岗位。

　　几个小时后，火车徐徐驶进辽宁省营口车站。

欢迎新战友的队伍站满月台，敲锣打鼓，高呼口号，真是热闹。新战士一走下火车，部队首长和老战士们立刻迎上来，逐一握手，问寒问暖，争拿背包，新战友们顿时感到了集体的温暖。

由于雷锋出身贫寒，苦大仇深，在工作中做得样样出色，被推选出来做新战士代表。当接兵的荆营长向雷锋所在部队——沈阳军区工程兵某部团首长吴海山介绍新兵代表时，雷锋立即上前向他敬礼。几年的工作、生活的历练，使雷锋更加成熟起来，举手投足之间展示出坚强、勇敢，脸上洋溢的笑容显示出他对部队大家庭的热爱。

"你叫什么名字？"吴团长问道。

"雷锋——打雷的雷，冲锋的锋！"

"好响亮的名字。"吴团长拍拍他的肩膀，"一会儿召开欢迎新战友大会，要请你这位新战士讲话呀。"

欢迎新战友入伍大会在部队的操场上召开。吴团长和老战士代表讲话后，主持大会的团俱乐部主任陈广生宣布："现在欢迎新战士代表雷锋讲话。"

在一阵热烈的掌声中，雷锋精神抖擞地走上讲台。上千双战友把视线集中在他身上，只见他挺起胸昂着头站在话筒前，显得格外精神和镇静。他掏出事先准备好的讲稿，大声念道："敬爱的首长和老大哥同志们，让我代表新战士……"

一句话还没讲完，大风把雷锋手中的讲稿吹乱，怎么也展不平，看样子照着稿子念是不行了，他索性把发言稿塞进口袋，拿着话筒来个即席发言："我们这些新战士，能在60年代开门红的日子里穿上军装，来到革命大家庭，感到非常光荣。我们来自五湖四海，来自四面八方，有工人、有农民、有学生，我们只有一个愿望：为了保卫祖国，一定要当个像样的好兵，决不辜负首长和老战友的期望……

雷锋的这番讲话，像一团火燃烧着新战士报效祖国的雄心，赢得全场一片热烈的掌声。

欢迎大会结束后新战士来到新兵宿舍。一进屋，火炉早已烧得旺旺的，烤得人满脸通红。老战士们有的帮助新战士铺床，有的替他们打来洗脸水，有的向他们介绍新兵连的连长、排长、班长……看着这些身着军装的老战友们热情地为他们服务，雷锋的心里充满温暖，这些战友们就是他的亲人！他暗下决心：一定在部队这个大熔炉中好好锻炼，与战友团结友爱，为战友服务。

当天晚上，雷锋参加入伍后的第一次班务会。忙了一天，战友们都睡觉了，但雷锋却兴奋得不能入睡。明亮的灯光下，他从画报上剪下一幅黄继光的头像，粘在自己一本崭新的日记本扉页上端详许久，他在黄继光像下面郑重地写了两行字："我永远向您学习，英雄的战士黄继光！为了党和人民的事业，就是入火海上刀山，我甘心情愿，头断骨碎，身红心赤，永远不变。"翻开崭新的日记本，他以无比激动的心情写下入伍第一天的日记："1960 年 1 月 8 日，这天是我永远不能忘记的日子……我一定要做一个毛泽东时代的好战士，我要把我可爱的青春献给祖国最壮丽的事业……"

早在青年时期，雷锋就把先进人物作为自己学习的榜样。1959 年 11 月 2 日，雷锋在看过长沙市劳动模范张秀云的模范事迹后写道："我要向市劳动模范张秀云学习。首先学习她高度的主人翁责任感，对党、对社会主义建设事业的赤胆忠心；学习张秀云同志积极主动、帮助别人、大公无私、舍己为人的共产主义思想和团结群众的优良作风；学习她坚持向群众学习、不断充实自己、谦逊好学的精神。"

　　在伟大的国际主义战士白求恩的思想世界里，雷锋也同样善于观察，善于学习。1960 年 2 月 15 日，他在看了《纪念白求恩》这篇文章后，写道："我要尽我自己最大的力量，做到毫不利己，专门利人……"

　　雷锋所处的年代是新中国成立后党中央团结各族人民发展壮大我们祖国的年代，这是一个特定的历史年代。在这个时期涌现出很多闪光的人物，他们身上，处处闪耀着中华民族自强不息、艰苦奋斗的不朽光辉，他们为新中国的建设和发展奉献了自己的青春和热血。在雷锋的日记中，我们能看到这些优秀人物对雷锋的影响，在他成长的道路上起到了推波助澜的作用。雷锋还读过《刘胡兰》、《董存瑞》、《方志敏》、《向秀丽》、《党的好儿子龙均爵》等英雄人物的书籍，他在不断地学习，不断地思考。从众多的先进人物身上雷锋感受到：一个人要想成为别人学习的榜样，首先就要具备高度的主人翁责任感，要对党、对社会主义建设事业赤胆忠心，"毫不利己，专门利人"，这是一个国际共产主义战士所具备的思想境界；热爱同志和集体、爱护国家的财产和人民的生命安全、兢兢业业为党工作、谦虚好学、渴求进步、刻苦钻研技术等这样的优秀品质应该是一个模范人物所具备的，这样的思想再一次与雷锋树立的坚定信念相融合，形成雷锋人生哲学的统一。

在近半个多世纪的学雷锋活动中，雷锋是帮助别人、大公无私、舍己为人的代名词，雷锋是毫不利己，专门利人的代名词，雷锋更是关心别人比关心自己为重、兢兢业业为党工作、具有高度的主人翁责任感的代名词。所有这些雷锋具备的高尚品德和崇高的思想境界，我们都能从雷锋的日记中找到出处，这绝不是一种巧合，这是榜样的力量，是雷锋从无数的英雄模范人物身上看到不同的思想火花，领悟到不同的精神内涵而形成的一种自我的、更具人格魅力的品质。

正是在这样一个历史时期，正是有这么多人物对雷锋的影响，雷锋才能同亿万人民一样，把"个人的命运与国家、集体、人民的命运紧紧联系起来，把艰苦奋斗与实现共产主义的远大理想结合起来，积极参与，为社会主义建设贡献力量。雷锋从无数的英模人物身上汲取丰富的思想营养，以他们为榜样，时刻把党和人民的利益放在高于一切的位置，把远大理想化为实际行动，无私地为党、为人民、为社会主义建设事业默默奉献，成为众多典型中的典范。

冬天，祖国的东北千里冰封，万里雪飘。部队驻地迎着辽河河口刮来的寒风，更是凛冽袭人，寒冷异常。然而在这寒冷的冬日，雷锋却处处感受着人民军队这个大家庭的温暖。那营房四处张贴的欢迎新战友的标语，句句动人心肺；团、营首长不断到新兵连来看望大家，问寒问暖；老战士们把新兵宿舍打扫得干干净净，床铺铺得厚厚的，上面罩着雪白的床单，叠放着崭新的黄军被。雷锋的班长薛三元每天都比别人起得早，先把炉火烧得旺旺的，再叫大家起床，做完早操回来，他又亲切地招呼大家先烤烤火……这种温暖与他儿时的苦难形成巨大的反差。这一切，在雷锋心里就像揣着被班长烧旺的火炉一样。他深切地感受到，在这革命的大家庭里，战友胜过亲兄弟，他进一步确立"生为人民生，死为人民死，全心全意为人民服务"的人生观和价值观。

新兵教育对于刚入伍的战士非常重要。因此，吴团长亲自给新战士上传统教育课。那天，雷锋跟着新兵队伍来到俱乐部，一进门就被挂在墙壁上的一面面奖旗吸引住了，每一面奖旗似乎都在讲述着战友们可歌可泣的故事。他们认真地听了吴团长的介绍，脑海里闪现出战友们英勇善战的身影，耳畔响起英雄们呐喊的声音。这一时刻雷锋仿佛置身在这些故事中，深感自己能生活在人民军队这个革命大家庭中是多么自豪和幸福！雷锋决心以实际行动发扬人民军队的光荣传统。

在新兵连，他就像老战士那样热心帮助战友。他主动给大家读报，办"学习专栏"，有的同志在学习、生活上有困难，他竭尽全力给予帮助。出公差、搞内务卫生，他事事做得认真。每天早晨，他早早起床，等起床号响起，战友们起床时，他已经把宿舍的火炉生得旺旺的……

一天夜里，轮到雷锋值班站岗。站岗后早晨出操时，他感觉头有些热，也许是晚上站岗的时候着了凉，雷锋没当回事。晚上，新兵营荆营长轻手轻脚地到宿舍来查铺。他披着大衣，手拿电筒，沿着铺位逐个查看。有的战士在酣睡中伸出胳膊露出腿，他轻轻地给移进被窝里，再掖好被角。雷锋一动不动地看着这一切，担心营长为自己操心，便悄悄用被子蒙上头假装睡着。

荆营长走到雷锋床头轻轻掀开被角，摸了摸他的额头，发觉有些热，但什么也没说便转身出去了。不一会儿，荆营长又回来了，身后还跟着卫生队请来的军医，经过医生诊断是重感冒。荆营长倒杯开水让雷锋服下药，脱下自己的大衣给他盖上，等这一切都安排好后，临走时轻声嘱咐雷锋说："有病可不能硬挺着！好好休息，睡个好觉，出身热汗就会好的。"

雷锋感动不已，躺在营长给他盖好的热被窝里真比睡在母亲的怀抱里还温暖。他凝望着窗玻璃上结的冰花浮想联翩，心中一热，禁不住流下眼泪……

清晨的军号声打破军营的寂静。雷锋猛然醒来，觉得身上轻松许多，战友们围拢在雷锋床前，问候病情，端水送药，有的还给他送来热毛巾擦脸。早操后，薛班长端来一碗热腾腾的面条，说是荆营长叫炊事班专门给雷锋做的，让他趁热吃。

雷锋接过这碗热汤面,感到浑身热乎乎的。这天,雷锋没有参加操练。他披着棉衣坐在床边,深情地吟诵起他抄录过的一首心爱的歌:

> 唱支山歌给党听,
> 我把党来比母亲。
> 母亲只生我的身,
> 党的光辉照我心。
> 旧社会鞭子抽我身,
> 母亲只会泪淋淋。
> 共产党号召我们闹革命,
> 夺过鞭子揍敌人。
> ……

 ## 苦练投弹

★★★★★

新兵训练的任务十分紧张和严格。新兵营每天进行军容风纪、内务等方面的训练和部队传统教育,还要进行军事训练。每当班长把全班新战士带到操场上，在刺骨的寒风中进行队列训练时，雷锋都细心体会，认真训练，一招一式都做得利利索索，一丝不苟。

手榴弹掷远开始操练，由于雷锋个子小，体质比较弱，投弹有些困难。几天来，雷锋拼着全身力气练投弹，却怎么也投不及格，班长和班里几个投弹成绩较好的战士分别教他投弹的技巧，他虚心接受，一边琢磨一边练习，胳膊甩得生疼就是达不到及格标准。接连几天，雷锋都是在这种情况下度过的。他心里十分着急，一名解放军战士，连手榴弹都投不及格又怎么能保家卫国呢？要是因为我一个人不及格而影响全班训练成绩，那又怎么办呢？中午，他没休息，吃过饭就抓起教练弹跑到操场去训练。他这样艰苦训练一连几天，胳膊投得又肿又疼，不但没有进步，反而越投越近，急得他觉也睡不好，饭也吃不香。

班里的一位战士直率地说："雷锋，你本身条件差，再练也是白费力气，想达到标准很困难。"

条件？雷锋想着战友的话，是啊，自己的身材矮小，臂力小，可是这绝不是自己认输妥协的借口，我是不会白费力气的。

每当雷锋在人生的路上遇到困难的时候，他都习惯地翻开毛泽东著作，从那里汲取跨越障碍和战胜困难的勇气和力量。他翻开《毛泽东选集》第三卷，重读《愚公移山》一文，在这篇文章空白的地方写道："愚公能挖掉两座大山，我也有恒心克服各种困难……"

雷锋苦练投弹本领的事，薛班长向指导员进行了汇报。这天晚上，指导员想找雷锋谈谈心，等雷锋来到他面前的时候，指导员注意到他抬胳膊有点吃力。"雷锋，练习不要太猛，以免身体受不了！""指导员你放心，这点困难我能克服！"指导员看着雷锋坚毅的目光，打心里佩服这名小战士。

回到宿舍，雷锋想起指导员鼓励他的话，浑身充满力量。他记得自己在日记里有这样一段话：

……斗争最艰苦的时候，也就是胜利即将来临的时候，可也是最容易动摇的时候。因此，对于每个人来说，这是个关口，经得起考验，顺利地通过这一关，那就成了光荣的革命战士；经不起考验，通不过这一关，那就要成为可耻的逃兵。是光荣的战士，还是个可耻的逃兵，那就看你在困难面前有没有坚定不移的信念了。

这些话说在雷锋的心坎上，它是雷锋在克服困难时的指路明灯。他看到自己剪贴在日记本上的黄继光画像，眼前仿佛出现黄继光用胸膛堵住敌人碉堡，他想起董存瑞在桥下举起炸药包，想到自己在望城县委时，张兴玉书记给他讲的刘胡兰在敌人铡刀前坚贞不屈、英勇就义的英雄形象。这时，他觉得黄继光似乎在对他说："同志，人生道路充满困难，克服了操场上的困难，才能战胜战场上的敌人。"雷锋翻过黄继光的画像，他看到1月18日为鼓励自己题下的小诗，不觉轻声地念道：

雷锋同志：

愿你做暴风雨下的松柏，不愿你做温室中的弱苗。

北方冬天的夜晚，寒风扑脸。他抓起一颗教练弹悄悄地来到操场上。操场上冰雪覆盖，一个矮小但坚强的身影在雪地上顽强地闪现。他不顾天冷雪寒，只为一个信念。他知道自己投弹不及格的主要原因是臂力不够。为增加臂力，他反复练习单杠。手中握着的铁杠冰冷刺骨，他咬着牙，一下、两下、三下……直到双手再也抓不住单杠。练完单杠他就去练投弹，只要教练弹一出手，马上就追过去，抓起来再往回投……

他一次又一次地专心练习，熄灯号响过他都没有听见。汗水浸透了他的衣衫，北风吹来寒意入骨三分，可是他不在意，继续练习。

十几天过去了，雷锋刻苦练习终于取得了可喜的成绩，投弹超过及格标准。

实弹演习的日子到了，新战士们集合在靶场上，按照命令一个接着一个把手榴弹投向假设的敌堡。"雷锋就位！"靶场指挥员发出命令。雷锋就位后，只见他拧开手榴弹盖，将小铁环套在指头上，全身一跃跳出堑壕，冲过一段开阔地，在投弹线上猛力一甩，只听到"轰"的一声响，手榴弹命中"敌"堡。雷锋高兴极了，他亲身感受到一个新战士经过苦练获得优异成绩的愉悦。但他也清楚地知道，对一个新战士来说，在保卫祖国的征途上这只是迈出了微小的第一步。

➡ 服从需要

★★★★★

　　两个月的新兵训练结束，雷锋被分配到运输连四班成为一名汽车兵。就在这时，连里下达新的任务。雷锋听到有新任务非常兴奋，经过新兵训练，现在终于有机会去执行任务，他的心一下子像长了翅膀……这时，新兵连通信员跑来叫雷锋马上到连部去一趟。雷锋急匆匆地来到连部见指导员。

　　"雷锋啊，情况有点变化，你要去完成一项新任务……"

　　"我知道。"没等指导员把话说完，雷锋就接着说，"咱们全团要去执行一项新任务，已经开始行动了，我马上到运输连去报到，指导员还有什么指示？"

　　指导员笑了笑，知道他把意思理解错了，原来雷锋的新任务是到团里参加战士业余演出队，留下排练节目，暂时不随运输连去执行任务。

这可太突然了，雷锋万万没有想到，在他已经打好背包准备到运输连的时候，团部竟让他留下来参加演出队，他有些想不通，但到演出队去也是工作，组织上既然已经决定，只有服从。

这是由连队文艺骨干组建的演出队。雷锋一拿到节目，就起早贪黑背台词、练动作，有时连饭都忘了吃，睡梦中还不忘背台词，不过几天就把所有台词背熟。可是，当大家一起合练时，发现雷锋的湖南口音很重，正式排练时有些不搭调。离演出时间越来越近，大家都说他讲不好普通话会影响演出效果。雷锋听说后，他思考着：自己光凭着热情工作是不行的，没有考虑到口音问题，为了不影响全体演出队的成功演出，他以大局为重，决定主动请求换角色。

为了能让大家集中精力排练节目，雷锋虽然换掉了角色，但他依然忙里忙外，不时地给战友们烧水，打扫排练场，尽自己的一切能力保证演出队工作顺利进行，保证演出圆满成功。

排练结束后，雷锋随同演出队为施工部队和驻地群众演出。大家虽然没有看到雷锋在台上表演节目，但台上演出的每一个节目都包含着雷锋的辛勤劳动和他那处处关心集体，一切服从工作需要的可贵精神。

迎头赶上

★★★★★

　　雷锋从演出队回来，便被分配到运输连新兵排学习开车，随同部队驻扎在辽宁省抚顺市执行施工任务。当时新兵排已训练一个月，汽车理论课已基本学完，就要学习实际驾驶。雷锋心里很着急：我已经晚学一个月，能赶上吗？雷锋向新兵排长反映了自己焦急的心情。排长递给他几本汽车理论书让他抓紧学，安慰他说："你下连晚，一时上不了工地就晚几天。"

　　晚几天怎么行！雷锋已经到施工工地看过，运输连的汽车夜以继日地为工地载运各种建筑材料，他恨不得马上就能开着汽车为支援国家建设贡献自己的一份力量。

　　可怎样才能赶上落下的课程呢？他虽然驾驶过拖拉机、推土机，但毕竟与驾驶汽车不完全一样。他下决心无论如何一定要抓紧时间学好驾驶。因此，他除抓紧时间阅读排长给他的那些理论课本外，还对照课本把汽车构造、机件性能和操作方法同拖拉机、推土机作比较，找到开汽车的特殊性，设法解决它。车场上一有空车，他就拿着课本爬到车上，钻到车下，对照着实物一样一样地进行揣摩，很快就把汽车的各种性能摸熟。新兵排讨论驾驶技术的时候，雷锋的发言有条不紊，有理有据，战友们都很佩服，想不到这个晚来一个多月的新兵能这么快赶上大家。

　　汽车理论课学完，战士们开始学习实际驾驶。因连里运输任务重，新兵排只有一台教练车供大家练习，大家实际操作训练成为难题。不掌握驾驶技术，战友们就不能尽快地奔赴施工现场，施工进度就会受到影响，大家都非常着急，谁都希望赶快成为一名合格的驾驶员，为祖国的工业建设作贡献。大家说着说着提到"汽车模型"四个字，这四个字提醒雷锋：能做汽车模型，我们就不能造个汽车教练台？雷锋把自己心中的想法说出来，大家都说这是个好主意。他们在排长的帮助下画了张设计图，按图中需要找来一些废旧物品，大家动手你当木匠他当铁匠做成一个汽车教练台，在安装方向盘时，雷锋用砂纸把它擦得又光又亮，然后涂上黑油漆，真像新的一样。

　　汽车教练台做成以后真是帮了大忙，这个上去练一练，那个上去学一学，都说坐在教练台上和原地驾驶差不多，雷锋在教练台上反复练习，真像把汽车开动了一样。晚上熄灯后躺在床上，他还想着怎样开车，在梦里有时手和脚在被窝里做起驾驶汽车的动作来。这次设计汽车教练台的成功，雷锋充分认识到人的主动性。当雷锋第一次把教练车开到马路上练习短途行驶时，心里既高兴又紧张。

排长坐在他身边指点着。他双手把稳方向盘,目视前方,暗暗鼓励自己:"沉着,莫慌,前进!前进!"

在新兵排不到一个月时间,雷锋成为一名合格的汽车驾驶员。连里决定把他从新兵排调到二排四班驾驶 13 号车。这使雷锋感到成长和成功的喜悦,从拖拉机手到推土机手,再到汽车驾驶员,这一步步不正是雷锋辛勤刻苦、勤勉努力的结果吗?这一步步无不凝结着他克服困难、勇于拼搏的可贵思想品质。当他亲自为工地运去第一车水泥的时候,他的内心充满幸福的喜悦。

虽然学会开汽车,但是要想把它开好,雷锋觉得还不是件容易的事,这里面可是大有学问呢!为使汽车驾驶技术精益求精,他对技术钻研一丝不苟,经常利用各种机会不断地充实和提升自己。有时外出办事乘公共汽车,车上有座他也不坐,总是站在司机身后细心观察人家在各种情况下是怎样操作的。在实际工作中雷锋善于观察,善于思考,不断总结经验,成就了他娴熟的驾驶技术。作为一名合格的驾驶员,他认为同时应该是个合格的汽车修理工,要设法学会排除各种故障才能在完成任务时保证万无一失。在行车中,他时常叫助手给他假设情况出难题,锻炼排除各种故障的本领。一次出车前,雷锋和助手检查车辆,发现一个豆粒般大小的火花塞帽不见了,半天也没找到。助手着急出车,便找来一个新的火花塞帽要把它换上好赶紧出车。雷锋却说:"如果火花塞帽掉进汽缸里,我们就这样把车开出去,说不定就会发生事故,甚至造成经济损失和人身伤害。不找到这个火花塞帽,决不能出车。"助手见他这样坚决,只好跟他一起细心查找,终于在汽缸里找到了火花塞帽。雷锋这种对待问题一丝不苟的态度使战友们十分敬佩,运输连也多次提出向他学习的号召。

当天出车后，他在日记中写道："从内心往外说，我时刻想多学点本领，更好地为人民服务。马克思说：'不学无术在任何时候，对任何人，都无所帮助，也不会带来利益……多学点本领就更有必要了。'所以我虚心学习，刻苦钻研学到真本领，就是为此目的。"

"钉子"精神

★★★★★

在紧张而繁重的施工任务中，雷锋驾驶汽车往返各地很难抽出固定的时间来学习，但他却从来没有忘记学习，没有忘记在辽阳弓长岭工地给自己定下的规矩。他把书随身带在身边，只要一有闲暇，他就坐在驾驶室里看书。每天出车回来，晚上除了参加连里的日常活动，他总要挤出一些时间来读书。有时熄灯怕影响别人休息，他便悄悄离开宿舍另找地方去学习。因此，只要晚上有灯光的地方都成为他晚上看书学习的好地方，都留下他孜孜不倦、埋头苦读的身影。

一天晚上，夜已经很深了，指导员高士祥从营部开会回来，见他还坐在连部埋头读书，就说："雷锋啊，学习好，也要休息好，都快半夜了，怎么还不去睡？"

雷锋见高指导员忙了一天，也该休息了，便拎起挎包走出连部（连部办公室里就是高指导员的宿舍）。高指导员进屋睡了一觉，醒来一看，办公室的灯还亮着，不知道雷锋什么时候又返回来，仍然坐在那里埋头看书。

高指导员披上衣服走出来，见他正在看毛主席的《矛盾论》单行本。雷锋发现高指导员起来，连忙站起来："指导员，我影响你休息了。""没有关系，你坐下继续看吧。"指导员接过雷锋看的书，上面写着："……外因是条件，内因作决定，要想求进步主观多努力。"高指导员钦佩地点点头，同时拿起他读过的《毛泽东选集》仔细翻看着，越翻越感到雷锋读书读得多么用心，多么细心。他不时写下一些阅读心得，这些心得多半写得比较简单，有的只是一两句话，甚至三两个字，但这些无不凝聚着雷锋对毛主席和老一辈革命家的深厚感情，充分体现他理论联系实际的好学风。在《毛泽东选集》第四卷 136 页中，有这样一段话雷锋标了重点符号："像兴国与赣东北的同志们，他们把群众生活和革命战争联系起来了，他们把革命的工作方法问题和革命的工作任务问题同时解决了。他们是认真地在那里进行工作，他们是仔细地在那里解决问题，他们在革命面前是真正负起了责任，他们是革命战争的良好组织者和领导者，他们又是群众生活的良好组织者和领导者。"雷锋之所以在这样一段话下做标记，那是因为雷锋读懂了《毛泽东选集》所蕴含的理论联系实际的重要原理，认为"革命的工作方法问题和革命的工作任务问题"是密不可分的，是密切相关的，认为"革命战争的良好组织者和领导者"和"群众生活的良好组织者和领导者"是相对统一的，于是在此处写道：工作方法好！像这样的眉批和心得在雷锋读过的《毛泽东选集》中多处出现，这些心得多半写得比较简单，例如："好！""牢记！""就这样办！"等等，字里行间充满了他对马列主义、毛泽东思想的推崇和热爱，更体现出雷锋热爱学习、善于学习的优良品质。

雷锋在学习的过程中，逐渐摸索出一套学习的方式、方法，并把它运用到实际生活和学习中，对《毛泽东选集》的阅读使雷锋在思想觉悟和政治理论上有了一个质的跨越。一方面，他用马列主义、毛泽东思想的立场、观点和方法观察认识事物，把马列主义、毛泽东思想比做"粮食"、"武器"、"方向盘"，他认为不学习，就会辨不清前进的方向，就容易思想迷惘。雷锋听到同志之间谈话时说"人活着就是为了吃饭"，他便在日记中写道："我觉得这种说法不对，我们吃饭是为了活着，可活着不是为了吃饭。我活着是为了全心全意为人民服务，为了人类的解放事业——共产主义而奋斗。"另一方面，他用马列主义、毛泽东思想来武装自己的头脑，作为自己行动的指南，并把马列主义、毛泽东思想与现实结合起来，把共产主义的远大理想与现实统一起来。雷锋在《为人民服务》一文最后一页的空白处写道："我觉得一个革命者活着，就应该把毕生的精力和整个生命为人类解放事业——共产主义事业全部献出。我活着只有一个目的，就是做一个对人民有用的人。生为人民生，死为人民死。这就是共产主义战士应有的品格。"这些是他长期坚持不懈地学习毛泽东著作，徜徉在马列主义、毛泽东思想的伟大哲学海洋中不断学习和求索的结果。

在学习中，他还逐渐掌握《毛泽东选集》中的精华，进一步领悟到《毛泽东选集》中的哲学内涵。雷锋写道："我是在 1958 年夏开始学习毛主席著作的。经过学习，提高了阶级觉悟，武装了头脑，增强了本领。我在学习过程中，始终坚持用学习到的理论、观点对照联系自己的思想、劳动和周围的一切实际事情。这么一联系，不仅加深对理论的理解，而且更有助于政治理论的提高。"

有了对《毛泽东选集》全面的阅读、理解、领悟，才有雷锋对人的生命意义的理解和诠释，他明确了人生的方向，对人生存在的价值和目的有了独特的解读。1961 年 10 月 20 日，雷锋在日记中写道：

人的生命是有限的，可是为人民服务是无限的，我要把有限的生命投入到无限的为人民服务之中去……

1961 年 11 月 26 日，在日记中他这样写道："学习了《毛泽东选集》一、二、三、四卷以后，感受最深的是，懂得了怎样做人，为谁活着……我觉得要使自己活着，就是为了使别人过得更美好。我要以黄继光、董存瑞、方志敏等同志为榜样，做一个热爱祖国、热爱人民，永远忠于党、忠于人民革命事业的人。"雷锋从《毛泽东选集》中得到提高和升华，为自己的人生寻找到一条普通的、伟大的道路。从某种意义上讲，雷锋学习的过程，就是正确认识人生价值的过程，就是正确树立自己人生观的过程。

读《毛泽东选集》使雷锋具备了扎实的理论功底，也使他的思想不断成熟起来，用理论武装自己的头脑。当他听到有人说：工作这样忙，实在没有时间学习。他认为这是不对的，他根据自己的学习体会，在日记中写道：

有些人说工作忙，没有时间学习。我认为问题不在于工作忙，而在于你愿不愿意学习，会不会挤时间学习，要学习的时间是有的，问题是我们善不善于挤，愿不愿意挤，愿不愿意钻。一块好好的木板两面一个眼也没有，但钉子为什么能钉进去呢？这就是靠压力硬挤进去的，由此看来，钉子有两个长处：一个是挤劲，一个是钻劲。我们在学习上，也要提倡这种"钉子"精神，善于挤和善于钻。

正是他的这种"钉子"精神，促进了全连战士在繁忙的运输任务中坚持学习，帮助战友们树立了全心全意为人民服务的意识，这对于初期的部队建设起到了一定的促进和推动作用。"钉子"精神作为雷锋精神的实质，为我们众人所推崇，雷锋成为我们学习的典范和榜样。

→ 难忘的星期天

★★★★★

1960 年初夏的一个星期天，明媚的阳光洒满大地，树木青翠，鲜花盛开，望花公园游人如梭。雷锋所在的运输连驻地就在望花公园的附近，由于连里运输任务很重，很长时间没有放假，今天连里给大家放半天假，战士们趁着这个机会各自外出。同班战友小于，见雷锋吃过早饭就趴在床上看报，便约他一起到公园去转转，雷锋皱皱眉，仍然趴在床上。

"你去玩儿吧，我想休息一下。"

小于见此情形，伸手摸一下雷锋的头："你是不是病了？"

雷锋摇摇头："没有，休息一会儿我想上书店去看看，你先去吧。"

其实雷锋真是肚子疼，小于走后，雷锋忍着腹痛在床上趴了一阵，想硬挺过去，可越挺越疼，他只好来到团部卫生连，医生给他检查后告诉他没有大碍，主要是夜间着凉，回去用热水袋暖暖肚子好好休息一下就会好的。

从卫生连往回走，他用手捂着阵阵作痛的肚子，当他走过望花公园围墙外的马路时，不远处一个建筑工地正热火朝天地开展劳动竞赛，雷锋驻足观看：建筑工人伴随着欢快的广播歌曲，有的推车，有的挑担，来来往往，好不热闹。这欢快的劳动场面吸引了雷锋，他上前一看，原来是抚顺市第二建筑公司本溪路小学建筑工地。这里不久前还是一片空地，转眼间就要盖小学校，真了不起！雷锋正在赞叹，忽然广播声停了，接着传出一个女同志清亮而急迫的声音："同志们请注意！同志们请注意！现在工地上急需要加快运砖的速度，请大家快来参加小学校的建设吧！"

雷锋听着广播，张望着工地，见运砖的两个人推着一辆小车，一个推，一个拉，奔跑如飞。真想上前帮助他们多运些砖啊！雷锋情不自禁地把衣袖一挽，径直走向砖场。他见一座工棚旁边放着几辆空车，推起一辆就急忙跑向工地。正在工棚子里的老工人见一个解放军战士把他管理的小车推走一辆，便招手喊道："哎，同志，你推车子干什么？"

雷锋赶紧说："老大爷，我借这辆手推车用一用。"

老工人赶上来："我们这车不外借。"

雷锋笑了，指指砖场说："老大爷，我就在这儿用。"

老工人打量一下雷锋，有些惊奇："你要帮咱工地推砖哪！"

"是啊，我也想为小学建设出一份力，你就让我推几趟吧。"老工人赞赏地点点头。

雷锋推起车来到砖场，很快装满一车，一溜小跑地参加到运砖工人的行列。原来正在修建的这所小学，按计划今年秋天就开学，为不影响孩子们按时上学，工人们才昼夜加班地干活。雷锋得知这些情况后，更鼓舞了他的干劲，他一鼓作气不知推了多少回，背心衬衣全被汗水浸透了也不歇一会儿。工地上运砖的工人你追我赶越干越欢，很快改变了砖供应不上的情况。工地上来了一位能干的解放军战士，这引起女广播员的注意，当雷锋又装满一车砖的时候，工地女广播员跑过来。

"同志，你是哪个部队的？叫什么名字？你来参加义务劳动，给我们很大鼓舞，大家要我写篇广播稿表扬表扬你。"

"这有啥可表扬的。为小学校的建设贡献力量是应该的！"

这时工地上响起中午休息的哨音。雷锋推完最后一车砖，把空车推到工棚旁边还给那位老工人。

雷锋还没等走出工地，就被一群青年工人围起来，这个和他握手，那个向他致谢。工区的负责人也上前拉住雷锋的手说："解放军同志，这一上午你给我们带来的鼓舞可不小啊！"

雷锋谦虚地摇摇头："可别这么说，我们都是为社会主义建设添砖加瓦，我和大家都一样，只是尽自己应尽的一点义务。"

"说了半天，我们还不知道你的名字呢！"

大家纷纷问起他的名字来。雷锋执意不肯说，对大家扬扬手着急要走。大家看实在没有办法，有的青年干脆说："你不说，我跟你到部队去打听。"在这种情况下，雷锋只好说出了自己的名字。

在一片欢声笑语中，雷锋离开建筑工地赶回了部队。

这天下午，抚顺市第二建筑公司组织一些工人敲锣打鼓来到运输连。战友们一时不知道有什么事，急忙迎出来，当抚顺市第二建筑公司的领导说明来意，把感谢信展开的时候，大家才知道四班战士雷锋带病参加义务劳动，度过了一个具有特殊意义的星期天。

 抗洪抢险

★★★★★

1960 年 8 月，抚顺地区接连几天暴雨倾盆，遭遇百年不遇的洪水灾害。洪水淹没庄稼，冲毁公路，人民生命财产受到严重威胁，部队日夜奋战的建筑工程不得不暂时停工，运输连几十辆汽车已集结待命，为保护人民的生命财产而战。8 月 3 日，他们接到抗洪抢险的命令。

也就是在两天前，雷锋收到弓长岭矿山焦化厂一位青年朋友的来信，信中说太子河洪水泛滥成灾，辽阳地区人民的生命财产受到威胁，广大人民群众正在奋起救灾。这场自然灾害使雷锋吃不好饭，睡不好觉。辽阳是雷锋工作过的地方，那里有雷锋辛苦工作建造起来的弓长岭矿焦化厂工人宿舍，每一块石头，每一团泥巴都留下雷锋对那里的挚爱和情谊。如今,辽阳的人民遭受自然灾害,百姓正在受苦,自己哪能袖手旁观呢? 他赶紧给辽阳市委寄去一封信并捐款 100 元作为自己对灾区人民的支援。由于过分担心,平时又着凉,雷锋肚子疼的老毛病又犯了,身体很虚弱。恰在这时,上级命令运输连到抚顺郊外上寺水库参加抗洪抢险。连长集合队伍传达命令、分配任务时考虑到雷锋的身体情况,决定把他留在家里值班。

"连长! 你怎么能在这种时候把我留在家里?"雷锋急忙奔到连长跟前说。

"你身体不好,不适合到抗洪抢险的前线去。"连长说。

"谁说我身体不好?"

"病了,就要照顾。"

"我不要照顾! 我坚决请求跟部队一块儿参加抗洪抢险!"

连长指着他一只缠着绷带的手说:"你手上伤没好利索,怎么去抗洪抢险?"

这点伤算什么! 雷锋一下子把手上的绷带扯下来,把手背伸向连长:"看,快好了。"

原来不久前的一天傍晚,雷锋正和几个同志在营房打乒乓球,忽然发现营区外一栋木板房子里冒出浓烟,他们断定很可能是着火了。战友们丢下球拍,向起火地点跑去,雷锋和战友们不顾个人安危一起奋力灭火。木板房子火势越来越大,火苗呼呼往外蹿到房脊。雷锋抓起一把大扫帚,奋不顾身地登上房顶挥起大扫帚与烈火展开搏斗。他的鞋子烧着了,衣服撕破了,手上被轻度烧伤,一直到消防车赶来,他又和消防员一起继续灭火,直到把火扑灭。雷锋的手伤还没好利索,部队又接到抗洪抢险的新任务,在雷锋的坚决请求下,他终于和部队一起来到了直接威胁人民财产安全的上寺水库抗洪前线。此时，水库周围已汇成一支强大的抗洪大军，成千上万的人与洪水展开殊死搏斗。晚上，雷电同大雨一道在天空肆虐着，雨丝毫没有停下的迹象，水库水位不断上涨，眼看就要漫过大坝，情况十分危急。市防汛指挥部当机立断，决定连夜开掘溢洪道确保人民的生命安全!

运输连接到开掘溢洪道这项艰巨的任务，战友们连夜奋战起来，雷锋完全忘却自己的病痛，和战友们一起在溢洪道里蹚着过膝深的泥水顶风冒雨挥舞铁锹，恨不得一锹挖开溢洪道。豆大的雨点啪啪地打在他们的身上，战友们的衣服早已湿透，雨水遮住视线，他们甩手抹一把脸上的雨水，继续拼命挖着，每个人都与这场大雨抢时间。他们知道，时间就是人民的生命，这时他们忘却了危险，忘却了劳累，忘却了一切，只是奋力地挖着……突然"哗"的一声响，坝上一大片黏土被暴雨冲垮下来，砸在雷锋的身边，他手中的铁锹被黏土打掉。雷锋想弯下腰去找锹，可是天黑雨大，铁锹早已不知被冲到哪去了。没有锹他就用手挖泥，挖一块甩一块，土坨子时而掉下来打在身上，弄得他浑身上下全是泥水。时间过去很久，雷锋觉得手指阵阵作痛，到微弱的灯光下仔细一看，带有烧伤的手指被磨破渗出血水。身边一个同志要他去找卫生员，他说什么也不肯去，开掘溢洪道刻不容缓，在这种情况下，这点轻伤怎能下火线！

连长发现雷锋手中没有锹正用手挖泥，本想让他休息一会儿，可他知道雷锋的脾气，这名小战士不顾伤病参加抗洪抢险，又怎么能轻易离开这抗洪前线呢？雷锋的这种心情连长太能理解了，想让他离开也得另外想个办法。他高声喊道："雷锋！"

"到！"雷锋来到连长跟前。

"你马上到广播站去，把咱们连的好人好事宣传宣传。"

"是！"雷锋又接到一个新任务，他兴奋地登上大坝向广播站跑去。一会儿，广播里响起雷锋的声音："同志们，听我言，英雄好汉出在抗洪最前线……"雷锋的广播声，在狂风暴雨中铿锵作响，传遍上寺水库，激励着奋战中的抗洪大军。

雷锋走出广播站，跑进工具棚重新领到工具，又回到溢洪道继续奋战起来。当部队换班休息时，雷锋蹒跚着走上大坝，他感到一阵头晕，昏倒在地上。战友连忙扶起他，连长叫来卫生员把他扶到老乡家里好好休息。卫生员扶着雷锋来到一户老乡家里，这户人家一家人都在大坝上抢险，家里只留下一位老人照看着。老人热情照料雷锋，让他躺在热炕上，卫生员帮他包扎手上的伤口，嘱咐他一定要休息。他休息一阵，觉得身上轻松许多，忽听窗外淅淅沥沥的雨声中响起换班的哨音，他猛地起来掀开被子就要下地。

老人急忙拦住他，说什么也不让他出去，雷锋只好又躺下来。外面的大雨劈里啪啦打在窗玻璃上，雷锋那颗焦虑的心在抱怨自己：雷锋啊，雷锋！这百年不遇的洪水就像凶残的敌人一样闯进我们的家园，你作为一个人民战士，怎么偏偏在这个时候病倒……想到这里，他再也按捺不住自己奔赴抗洪前线的热望，趁老人没注意抽身下炕，抓起一件雨衣又顶风冒雨奔向溢洪道……

经过七天七夜连续奋战，咆哮的洪水终于在英雄的人民、英雄的战士面前驯服了。雷锋在这场抗洪抢险中所表现的那种不怕艰险、不怕困难，为人民利益奋不顾身的革命精神，受到战友们的热情赞扬，雷锋所在部队为他记二等功一次。雷锋说："我活着，只有一个目的，就是做一个对人民有用的人，当祖国和人民处在最危急的关头，我就挺身而出，不怕牺牲。生为人民生，死为人民死。"这是他思想的最高境界，他把国家和人民的利益放在人生的第一位，并时刻准备着付出一切。在他的人生历程中，雷锋做到了这些，给祖国和人民交上了一份满意的答卷。

 可敬的"傻子"

★★★★★

抗洪抢险前后，团政治处连续收到两封表扬雷锋的地方来信，一封是抚顺市望花区来的，一封来自中共辽阳市委。抚顺市望花区的信是感谢雷锋支援他们100元钱的事。信中说："……雷锋同志热爱人民的一片红心，使我们全体干部、群众受到极大的鼓舞，给我们增添了克服困难的力量，当我们展望远景的时候，就自然地联想起人民子弟兵、人民解放军，我们深信像雷锋这样的战士是很多很多的……"

中共辽阳市委也热烈赞扬雷锋给灾区人民寄去100元钱的深情厚谊。信中说，党和毛主席十分关心灾区人民，已经派飞机运物资去支援，灾区人民有信心战胜困难，希望雷锋继续保持艰苦奋斗的精神，在保卫社会主义祖国的伟大斗争中作出新的贡献。随信把钱寄了回来。

这两封信对雷锋所在连的领导震动很大，他们立即向团里作了汇报。团首长认为：在连队进行社会主义教育的时候，出现雷锋支援建设、支援灾区的事迹不是偶然的，它说明我们的军队永远和人民心连心，说明雷锋在认真实践我军全心全意为人民服务的建军宗旨。为进一步了解雷锋事迹，团里还专门派一名干事来到运输连了解情况。

原来，在不久前的一天下午，雷锋上街办事，看到大家都在庆祝望花区和平人民公社成立，看着大家高兴的样子，他很有感触，心中不免阵阵心酸。想到自己从小到大没有个家，是集体这个大家庭培养他、养育着他。而如今人民公社是劳动人民的家，这个家成立了，自己能为他做些什么呢？总想为社会主义建设和人民多做点事的雷锋，脑子里闪出个捐款的念头。于是，他立即挤出人群来到储蓄所，取出自己在工厂和部队积存的200元钱，一阵风似的跑到望花区委向和平人民公社的领导说明来意。公社的领导十分感动，连忙道谢，却坚决不收这200元钱，说："你的心意我们收下，可是钱我们不能收，还是留着你自己用或寄回家里去吧。"

"家……"雷锋握着公社领导的手，思忖着这些话，"家，我早已没有了，新中国就是我的家，人民公社就是我的家，我这钱就是给家里的，假如我的父母还活着，他们一定不会拒绝一个儿子给的钱……"他讲述起自己的孤苦身世，公社领导实在无法谢绝这种深情厚谊，只好答应收下一半的捐款。

事隔不久，正是运输连准备到上寺水库抗洪抢险的时候，雷锋得知辽阳地区遭到百年不遇的洪水灾害，太子河两岸人民正在进行抗洪抢险斗争……雷锋的心里和辽阳地区紧密相连，他在那儿参军，在那儿生活、劳动过，在那儿经过艰苦的考验，他思念那里的伙伴，关注新建的焦化厂的命运。和雷锋同时参军的战友大都是辽阳人，他深怕他们惦记家乡遭了水灾而影响情绪，便找他们谈心，要他们相信党，相信群众，一定能够战胜洪水。当他在报纸上看到党中央、毛主席给灾区人民送去救灾物资的消息时，他想到自己还有100元钱，立即写封慰问信，顶着大雨跑到邮局寄给辽阳市委……

雷锋在自己的日记中写道：

人民的困难，就是我的困难，帮助人民克服困难，贡献自己的一点力量，是我应尽的责任。我是主人，是广大劳苦大众当中的一员，我能帮助人民克服一点困难是最幸福的。

在我国遭受严重自然灾害的情况下，雷锋为支援灾区人民，支援国家建设献出自己的全部积蓄，可他自己却从来舍不得随便花一分钱。他一向艰苦朴素，珍惜一针一线，把一切能节省的都节省下来。参军以后，他每月领的津贴费，除了留下一些必须花费之外，节余的钱全部存入储蓄所。他穿的袜子补了又补，还舍不得丢掉。他有一件衣服，是从湖南家乡带来的，都已经很破旧了，他却洗得干干净净，还穿在身上。发军装时，施工部队每人发两套军装，他却只领一套军装。当有人问他为什么只要一套时，他说："一套就够穿，剩下一套给国家节约。"在为工地运输水泥时，他特意准备一把扫帚、一个簸箕，每次出车回来都把撒落在车厢里的水泥一点一点地扫起来放在营房边的铁桶里，几个月下来积攒了两千多斤水泥。

他自制一个"节约箱"，把平时捡到的零碎铜铁、边角料、螺丝钉、牙膏皮、破手套等装在里面，平时修车能用的就用上，尽量为国家节约开支。节约箱、针线包、《毛泽东选集》就成为雷锋的"三宝"。

一次，雷锋参加沈阳军区工程兵举行的体育运动会，大热天做完体操，又热又渴。不少战士到小卖部买汽水喝，他也想掏出几角钱买一瓶，偏巧这时有人送来开水，他又把钱收起来去喝开水。有的战友看见了，对雷锋连瓶汽水也舍不得买的做法很不理解，说他光攒钱不舍得花，真傻！可当战友们知道他把积攒下来的钱都支援给灾区和地方建设，才认识到自己的看法错了，同志们啧啧称赞说："雷锋这个'傻子'是可敬的，他值得我们学习啊！"雷锋对个别人说自己"傻"有明确的认识，他在日记中写道：

有些人说我"傻"是不对的。我要做一个有利于人民、有利于国家的人。如果说这是"傻子"，革命需要这样的"傻子"，建设也需要这样的"傻子"。我就是长着一个心眼，一心向着党，向着社会主义，向着共产主义。

1960年9月，团里决定树立雷锋为全团艰苦奋斗"节约标兵"，号召全团同志都来学习这位可敬的"傻子"。

入 党

为使全团同志了解雷锋的模范事迹，学习他的先进思想，团政委韩万金责成政治处帮助雷锋把他在旧社会的苦难遭遇和解放后的成长经历写成材料印发给各连党支部。为此，政治处把雷锋找来听他详细汇报，边听边记录，整理成一份近万字的材料。最后让雷锋过目、修改，然后形成题目为"解放后我有了家，我的母亲就是党"的报告，具体体现雷锋的经历、事迹。一个在旧社会惨遭家破人亡的孤儿，解放后，在党的关怀培育下，在建设社会主义的征途中，在全国实现农业合作化时，他离开学校自愿参加农业劳动，成为一名优秀的拖拉机手；听从祖国召唤来到鞍钢当一名工人；现在又为保卫祖国来到部队成为一名解放军战士。小小年纪已经在工、农、兵三条战线上忘我奋斗。最使韩政委感动的是雷锋这样年轻，可他的经历是多么不平常啊！韩政委反复、仔细地看了这份材料，材料中多次出现："没有党，就没有我雷锋……"、"可以说，在我周身的每一个细胞里，都渗透着党的血液……"、"我有向党说不尽的话，感不尽的恩，表不完为党终生奋斗的决心……"这些反复向党表示忠心和一生致力于党的事业而奋斗终身的话，韩政委反复思考着：他摘下红领巾，加入共青团，现在是不是想加入中国共产党呢？雷锋的这些话字字句句撞击着政委的心，这样的一个优秀士兵是否能吸纳成为我党的一员呢？原来，在入伍不久雷锋就已经向连所在党支部提出申请，经过研究，支部认为雷锋出身贫苦，爱憎分明，好学上进，阶级觉悟高，入党动机正确，可以发展成为党员，只是考虑到入伍时间不长，需要一段时间的培养。现在各方面条件都已成熟，雷锋的入党问题可以解决。

这天中午，战士们正在休息。高指导员想和雷锋把团里与连支部的意见跟他谈谈，他到四班宿舍找雷锋，发现雷锋不在。指导员走出四班宿舍，朝车场望去，13号车驾驶室里坐着一个人，因为车窗上反射很强的光，看不清里面是谁，指导员走到车前一看，雷锋正在聚精会神地读书。高指导员轻轻地叫了声"雷锋！"雷锋这才发现指导员已经来到车窗前。

高指导员笑呵呵地拉开车门也坐进驾驶室，看雷锋正在读《毛泽东选集》第二卷，他在学习《中国共产党在民族战争中的地位》。高指导员看到书中已用红铅笔着重划了这样几段话："共产党员的先锋作用和模范作用是十分重要的。共产党员在八路军和新四军中，应该成为英勇作战的模范，执行命令的模范，政治工作的模范和内部团结统一的模范，又是具有远见卓识的模范。""共产党员又应成为爱学习的模范，他们每天都是民众的教师，但又每天都是民众的学生……"并在这些话的旁边批上眉批"牢记"，高指导员看到这里深为感动。他把书还给雷锋，对他说："连支部已讨论了你的入党申请，大家对你提出的希望，怎么也超不过毛主席讲的这些话。我们每个党员都应该这样做。"

雷锋满怀深情地说："指导员，放心吧！我一定好好学习，按党员标准严格要求自己，决不辜负党的培养教育。"按照党组织的要求，雷锋更加发奋地学习和工作，不断地锻炼和提高自己。一次，雷锋出差到沈阳办事。他抽时间怀着崇敬的心情来到北陵烈士陵园敬谒烈士纪念碑。在庄严肃穆的气氛中，他在青松翠柏掩映下的革命烈士墓旁思考着。他轻轻地抚摸着石碑，心潮澎湃，难以平静。他细细地观看碑文，这些可歌可泣的英雄事迹唤起他强烈的共鸣。他在心中默默宣誓：革命先烈们！你们为了伟大的共产主义事业贡献出自己的生命，你们将永远活在我心中！你们崇高的革命理想和献身精神，将永远鼓舞我前进。每当我遇到困难的时候，想起你们就浑身是力量，信心百倍，意志坚强。在我单独外出执行任务中，想起你们，就更加严格要求自己坚决遵守革命纪律。在得到福利和享受的时候，想起你们，就把享受让给别人，把困难留给自己，我一定继承你们的遗志，做一个像你们那样的无产阶级先锋战士……

是的，在雷锋成长的过程中，他总是从党组织的亲切教诲里，从毛主席的著作中吸取着思想养分，使自己的胸怀更加开阔；用黄继光、邱少云、刘胡兰等革命先烈鼓励自己，使自己理想更加远大，立场更加坚定。通过不断的学习和实践，他深切地认识到，中国共产党是无产阶级的先锋队，是理论联系实际，密切联系群众，勇于批评和自我批评的马克思列宁主义政党。我们的奋斗目标是实现共产主义，而雷锋就是把这个最高纲领作为自己全部人生的最终目的。他在入党申请书中表示："坚决听党的话，一辈子跟党走。""我活着只有一个目的，就是为实现人类最伟大的理想——共产主义理想而奋斗。"

根据雷锋的突出表现，连支委会和支部大会一致通过雷锋的入党申请。

1960 年 11 月 8 日，高指导员正式通知他：团党委已经批准你的入党申请，现在，你就是一名正式的中国共产党党员了！一名刚刚20 岁的年轻战士参军十个月就加入了中国共产党，这在和平建设时期部队党的建设中并不多见。雷锋从一点一滴做起，从一件件小事做起，引领一个时代的风尚，他的平凡之中蕴含永恒，他的平凡之中彰显伟大，这就是雷锋的人格魅力！这就是雷锋精神的无限感召力！成为一名共产党员，这对于一个立志为党的事业终生奋斗的革命战士来说是多么大的喜讯，多么庄严的时刻！雷锋下定决心：为了党的事业，我不惜牺牲自己的一切。

这天晚上，他怀着万分激动的心情，提起笔来向党、向人民立下这样的誓言：

1960年11月8日，是我永远不能忘记的日子。今天，我光荣地加入了伟大的中国共产党，实现了自己最崇高的理想。我激动的心啊！一时一刻都不能平静。伟大的党啊！英明的毛主席！有了您，才有了我的新生命。我在九死一生的火坑中挣扎和盼望光明时刻，您把我拯救出来，给我吃的、穿的，还送我上学读书。我念完高小，带上了红领巾，加入了光荣的共青团，参加了祖国的工业建设，又走上了保卫祖国的战斗岗位。在您的不断培养和教育下，我从一个穷孩子，成长为一个有一定知识和觉悟的共产党员。

伟大的党啊，您是我慈祥的母亲，我所有的一切都是属于您的，我要永远听您的话，永远做您忠实的儿子。

今天我入了党，使我变得更加坚强，思想和眼界变得更加开阔和远大。我是一个共产党员，人民的勤务员。为了全人类的自由、解放、幸福，哪怕高山、大海、巨川，为了党和人民的事业，就是入火海进刀山，我甘心情愿，头断骨碎，身红心赤，永远不变。

雷锋的誓言，写在日记里，刻在心里，体现在这个新党员的一切行动中。

→ 带头忆苦

★★★★★

转眼间，中秋佳节到了。那天晚上，司务长分给每人四块月饼，大家有说有笑，边吃边谈。雷锋领到月饼却一口没吃，捧在手里悄悄地走到门外，眼望明月流下热泪。这个美好的中秋之夜，他想起了十几年前那苦难的岁月，想起了那可怕的中秋之夜，想起了妈妈悬梁自尽的情景……

妈妈没能看到新中国的变化，没能看到她儿子是怎样在党和人民的关怀培养下成长起来的，他的心里默默地请妈妈放心，他不会忘记人民对他的关怀，他一定会回报祖国和人民的！他想起奋战在各条战线上的同志们，想起那些躺在病床上的伤病员，他们为建设新中国，为创造更加美好的未来，付出血汗，他们是有名的和无名的英雄，今天我们的国家面临着一些困难，但中国人民决不会被一时的困难所压倒。

他思潮起伏，难以平静。60 年代初期国际国内的严峻情况，考验着这个年轻的共产党员。回到宿舍，他把自己领到的四块月饼，小心地用纸包起来，然后写了封热情洋溢的慰问信：

亲爱的阶级兄弟：

　　为祖国社会主义建设负伤和有病休养的同志，这四块月饼是人民给我的，它使我想起过去的苦，体验到今天的甜。因此，我很自然地想起了你们，请接受一个战士的心意吧。

1960 年中秋之夜

　　第二天，他来到驻地附近的抚顺西部职工医院，把信和月饼送给在那里休养的伤病员……

　　为了使干部战士认清形势，提高觉悟，运输连党支部根据上级指示，决定在冬训期间进行一次阶级教育。当支委会研究开忆苦大会让谁带头忆苦时，大家不约而同地想起中秋节晚上发生的这件事。支部委员们谈起这件事，联想到雷锋在旧社会的苦难遭遇，一致推举雷锋带头忆苦。

　　开忆苦大会时，韩政委来了，各兄弟连队派的代表也都来参加。高士祥指导员作简短动员以后，雷锋把自己的身世以及在旧社会受到的苦难全部向战友们倾吐出来，他一字一句说得明明白白，万恶的旧社会就像是昨天展现在战友们的眼前。当他讲到唯一的亲人——妈妈在中秋佳节被万恶的旧社会逼得走投无路悬梁自尽时，战友们都流下了眼泪。他痛诉阶级苦，给战友们讲地主婆是怎样不让他到山上砍柴并恶狠狠地向他手背连砍三刀；他们这些穷苦的人们没有吃，没有住，自己成为孤儿后住宿在外，背部被蚊虫叮咬，留下碗口大的伤疤，当他把手上和背部的伤疤让战友们看时，战友都受到不同的教益。雷锋说："我在旧社会受的苦，实际上是我们整个阶级、整个民族苦难的一个缩影。列宁说：忘记过去就意味着背叛。我们不忘记过去，就是不要背叛自己，现在我们的国家有些困难，不要被暂时的困难和挫折所吓倒。我们一定要和全国人民一道自力更生，奋发图强，建设和保卫我们伟大的祖国！"

对党无限的忠诚，对人民无限的爱使雷锋不断成长进步，他的事迹也被越来越多的人所熟知。1960 年底，雷锋的事迹以"苦孩子好战士"为题在报刊上连载发表后，各地邀请他作报告的单位越来越多。翌年春天，他应邀到沈阳、大连一带作报告，他及时给支部写汇报信，按时交党费，他在信中说："党费，这不是普普通通的几角钱，这是衡量一个党员组织观念的一种标志。"

学雷锋热潮掀起来后，连里准备办一个小型展览，展出雷锋的一些用品，对全连同志进行一次艰苦奋斗的思想教育。连里在靠营房的地方并排摆放着几张桌子，放着他的衬衣，印有"治沩模范"字样的绒衣、鞋和袜子。另外还展出他的"节约箱"和他打扫水泥用的簸箕和扫帚，旁边写着这样的说明：雷锋在给建筑工地运输水泥期间，坚持用这个簸箕和扫帚扫取撒落在车厢上的水泥，前后积攒两千多斤……想了解雷锋真实生活和想法的人多了起来，雷锋的展览举办后，天天有人来参观，刚开始是连里的战士，然后是附近工厂的工人，这个小小的展览还吸引着附近几所小学的孩子们，人们纷纷赞扬雷锋艰苦朴素、勤俭节约的精神，心中受到了不小的震撼，雷锋成为崇高精神的楷模，成为人们学习的榜样。

→ 团结友爱

★★★★★

　　雷锋在成长的过程中，具有完备的人格，他不但思想水平和修养得到提升，在行动中他甘于奉献，艰苦奋斗，对待战友更像亲人般地关怀，团结友爱。他相信"一花独秀不是春，百花齐放春满园"。在雷锋的影响和带动下，全班同志团结一致，以"钉子"精神坚持学习革命理论和军事技术，有力地促进了各项工作的顺利开展，班里同志有的入了团，有的入了党。

　　雷锋经常买些书看，时间长了，雷锋的书一天天多起来，为了让大家多读书，他制作了一个书架，毫不吝啬地把书放在书架上供大家阅读。

　　对待战友，雷锋更是百般关心。深秋的一天，连里让雷锋带些战士上山割草。早饭后出发，晚饭前回来，中午饭在山上吃，每人带饭盒。来到山上，大家就干起活来。班里有个战士叫王延堂，他个子高大，非常能干，是全连有名的"大力士"。到午饭时间，大家坐在山坡上一起吃午饭。王延堂很快就把午饭吃完了，自己走到一旁。雷锋看出来他没有吃饱，实在不忍心让他饿着肚子，便走上前去把自己的饭盒递给他。可王延堂坚持说自己已经吃饱，不能吃雷锋的午饭。雷锋见他很尴尬，捂着自己的肚子说："今天我胃疼，实在吃不下，你就帮帮忙吧。"雷锋把饭盒塞到他手里。割草回来，雷锋在日记中写道："我虽然饿点儿，让战友吃饱，这是我最大的快乐。"

同班战友小周，本来是个爱说爱唱的四川兵。雷锋发现自从他接到一封信后，情绪有些低落，笑话不说了，家乡小调也不唱了。经过了解雷锋才知道，小周的父亲得了重病。小周非常担心，总是定不下心工作和学习，这严重地影响了他个人的发展。雷锋设法问清小周的通信地址，用小周的名义给他的父亲写了封信，并寄去30元钱。小周的父亲接到信后给小周回信，同时让他安心部队工作，不要惦记家里，小周非常纳闷：这是怎么回事？我什么时候给家寄钱了？后来，当他知道这钱是雷锋寄去的时候，感动得一把抓住雷锋的手，不知说什么才好……

一次，小乔母亲有病，雷锋及时向连队领导反映了情况，连队领导批准小乔探家。在雷锋送小乔时，不但为他买车票，还给小乔生病的母亲买了糕点、水果等，嘱咐他要遵守纪律，按时归队。当他母亲知道东西是他战友买的，激动地对儿子说："同志对你这样好，你可要好好干啊！"

1961年5月14日，雷锋被提升为副班长，他更加关心爱护战友。

班里有个战士叫小范，平时与战士们相比有些散漫，李连长在军人大会上批评了他。小范思想上一时转不过弯来，对连长的批评有意见，工作消极。可是过了不久，小范的态度突然转变了，工作积极了，还给连长写了检讨书。他为什么转变得这样快呢？原来，这里包含着雷锋的许多心血。小范的表现雷锋看在眼里，他一心想帮助小范进步，把帮助小范进步看做是自己责无旁贷的责任，一有时间就找小范谈话。开始，小范不但不接受帮助，还对雷锋说："少给我上政治课！"雷锋笑笑并没有生气，过了一会儿，雷锋见小范平静下来又继续说："领导上教育你，同志们帮助你，都是关心你的进步。你想想，我们来部队是保卫祖国的，革命军队需要铁的纪律，这比不得在农村干农活，再说在农村也得有个劳动纪律吧！"

小范听到这里，眨眨眼睛没做声。"你还记得我们入伍离开辽阳时，你的老人嘱咐你的话吗？"小范低下了头。过一会儿，他抬起头，用充满泪水的眼睛望着雷锋，握住雷锋的手感激地说："副班长，你以后看我的吧！"打这以后，小范真的成为班里的优秀战士。

连队里经常发生这样的事情：一个战友出车去了，床头留下脏衣服或破袜子，可回来的时候，脏衣服已经洗得干干净净，破袜子补得整整齐齐。

问这是谁做的，谁也不承认。这个秘密后来才被揭开，原来是雷锋做的。

雷锋就是这样，关心他人比关心自己为重，他总是满腔热情地帮助战友，把别人的困难当成自己的困难，把同志的愉快看成是自己的幸福。当他看到战友遇到困难时，他会更坚定地去帮助战友战胜困难。他在日记中写道："在我们前进的路上，不可能不遇到困难。这些困难都不过是'纸老虎'而已。"雷锋就是这样对待困难的，他竭尽全力承担困难、克服困难的精神不知感动过多少人。

 # 人民的勤务员

★★★★★

从 1961 年春开始，雷锋经常应邀到各地去作报告。雷锋从"小爱"——对同志、对个人的关心、爱护提升到一种"大爱"——对集体、对国家的热爱，这也使我们深刻地领悟到，在雷锋的成长历程中，思想就是行动的指南，从一件件普通的好人好事到为集体、为国家所做出的奉献，雷锋把自己的思想付诸行动，实现了思想与行动的统一，迸射出耀眼的光辉，得到全国人民的认可。

他作报告的时候多，出差的机会多，为人民服务的机会也多起来。这天，雷锋又踏上从抚顺开往沈阳的列车。他看到上车的旅客越来越多，连忙把自己的座位让给一位老人，他又见列车员忙不过来，就主动帮着扫地，收拾桌子，给旅客倒水，给老年人找座位，帮助中途下车的旅客拿东西，车上的旅客纷纷称赞他是个助人为乐的小战士。

到沈阳车站的时候，一出检票口，他发现一群人围着一个背小孩的中年妇女，人们正在为她着急。这个说："你再好好找一找，是不是装错了地方？"那个说："到吉林的车快开了，大嫂丢了车票可怎么上车呢？"那中年妇女急得把所有的衣袋翻了一遍又一遍，中年妇女满脸的焦急，看样子车票还是没找到。

雷锋见此情景，不由得问道："大嫂，你到哪儿去呀？"中年妇女说他去吉林，车票找不到了，一定是不小心把票给弄丢了。雷锋看看表怕耽搁那中年妇女上车，连忙说："大嫂，别着急，跟我来吧，我帮你补张票。"

雷锋用自己的津贴费补了一张去吉林的车票，递到大嫂的手里说："快拿着上车去吧，车快开了。"

那大嫂看着手中的车票，眼里含着热泪说："大兄弟，你叫什么名字？是哪个部队的？"

雷锋笑笑说："大嫂，别问了，我叫解放军，就在中国！"

"解放军……"那中年妇女眼泪汪汪地朝检票口走去，还不住地回头向雷锋招手……

　　还有一次雷锋作报告在沈阳换车回抚顺驻地。下车时，在熙熙攘攘的人流中看见一位白发苍苍的老大娘，挂着棍背个大包袱，很吃力地走着。雷锋走上前热情地问道："大娘，您到哪儿去呀？"老人看到面前的这位解放军战士笑呵呵的模样，仿佛看到亲人："俺从关内来，到抚顺去看儿子。"雷锋看到老人拿这么多东西气喘吁吁的，立刻帮助老人拿着背包，一手扶着老人说："大娘，我也是回抚顺，我送您吧。"老人一听高兴得不知说什么好，握住雷锋的手直说："谢谢，谢谢你呀，好孩子。"原来，老人只知道儿子在抚顺，但具体的地址她自己心里也不清楚，由于自己太想儿子了，便坐车来到抚顺找儿子。正想着自己到抚顺没处找犯愁呢，这个解放军战士帮了她一个大忙，有了这个解放军，她可就放心了！

　　雷锋扶着老人上了车，车厢里已经坐满了人。他给老人找了个座位，让老人坐下。雷锋安放好包袱，就站在老人身边。老人将身子往里边靠了靠，空出一点座位说："孩子，你也坐下吧。""孩子……"这是多么亲切的称呼！每当听到老人这样叫他，就像母亲喊他的小名那样温暖。他与老人攀谈起来，问老人的儿子是做什么的，住在哪里。老人说她儿子是个煤矿工人，出来好长时间了，自己头一回来抚顺看望儿子，还不知道住什么地方呢。老人说着从怀里掏出来一封信递给雷锋说："这是孩子邮给我的信，你看看知道这地方吗？"

　　信封上的地址写的是"抚顺市西露天矿××信箱"，雷锋想：这下可难办了，没有具体地址，这似大海捞针啊。他抬头看着大娘，老人的眼中充满希冀，充满恳切，雷锋体会到一位母亲对儿子的想念和盼望之情，仿佛从老人的眼中已经看到母子相逢的那幸福一幕……他坚定地说："大娘，您放心，我一定帮您找到儿子。""那太好了！"老人眉开眼笑地紧紧握住雷锋的手。

火车进了抚顺站，雷锋背起老人的包袱，搀扶着老人下车。走在去往西露天矿的大街上，雷锋领着老人多处打听，寻找两个多小时，终于帮助老人找到了儿子。

母子俩终于见面，儿子激动得流下泪水，忙着问老人是怎么找到的，老人拉着雷锋的手说："儿呀，若不是这孩子一路送我，娘怕还找不到你呢。"母子俩一再表示感谢。雷锋走时，母子俩依依不舍，送雷锋很远很远……

无论走到哪里，人民的困难，只要雷锋看到了，他都想办法主动帮助。一次，雷锋因公出差到沈阳，天正下着雨。在去车站的路上，透过雨幕，影影绰绰看到一位妇女身上背着个孩子，手里还领着一个小女孩，在大雨中深一脚浅一脚地向前走。三个身影在雨幕中显得异常吃力。雷锋急忙跑上前去，脱掉自己的雨衣披在被背着的小孩身上，又背起地下走着的小女孩，接过妇女手中的雨伞，陪护她们母子一同来到车站。原来这母女三人也是去沈阳的，雷锋就一直把他们送到车上。上车后，雷锋见小女孩冻得直打颤，又把自己贴身线衣脱下来给那个小女孩穿在身上。火车到了沈阳，天还在下雨，雷锋又一直把她们母子三人送到家里。

在雷锋出差往返的火车车厢里，总是能看到他扶老携幼、忙这忙那的身影，他简直成了闲不住的义务列车员。在一次到佳木斯执行任务的旅途中，他在列车上又跑前跑后地忙起来了，列车员见到这名小战士笑容可掬，热情周到，便想起她在报纸上读过的雷锋的事迹。心想：这个战士会不会就是雷锋呢？她刚想上前问一问，恰巧列车到了滨江站。这时外面下着大雨，装卸工人们正在忙着遮盖站台上的货物和行李。火车一停，只见这名小战士就冒雨下车，和装卸工人一起干起来，一直到开车铃响。列车员见他上车，衣服都淋湿了，鞋上沾满了泥水，马上递过一条毛巾，问道："同志，你叫什么名字？如果我没猜错的话，你就是雷锋同志吧！"

"雷锋……也很平常。"雷锋谦虚地微笑着，把毛巾还给她，"谢谢你。"

列车员立刻把这件事告诉列车长和其他列车员。大家听说雷锋在车上，纷纷跑来看望他，这个和他握手，那个和他交谈，有的还请他签名留念，都非常敬佩这名助人为乐的小战士。列车到站，全部旅客都下车了，雷锋同列车员一起打扫完车厢才告别这些热情的列车服务人员。时间久了，"雷锋出差一千里，好事做了一火车"的佳话也就传诵出来。

雷锋的驻地离抚顺瓢屯火车站不远，平时他和战友们经常到火车站帮助工作人员和旅客做一些力所能及的事情。春节到了，他想，每逢年节，正是运输部门最忙的时候，这些地方现在是多么需要人帮忙啊。于是，他劝说班里几名在春节放假的战友一起向连长请示，直奔抚顺瓢屯火车站。在繁忙的旅客运输中，年轻的解放军战士这个扶老携幼，那个帮旅客上下车，还有的帮助工作人员维持秩序，分头忙起来。雷锋把这一崇高的思想带进每个人的心中，"做人民的勤务员"，雷锋把全连都带动起来了。

 ## 孩子们的知心人

☆☆☆☆☆

在雷锋的记忆深处永远铭记着那一幕：灿烂的阳光下，辅导员老师念着雷锋的名字，然后亲手把红领巾戴在他的胸前，那是雷锋从一个苦孩子成为一个党和人民关怀、关心的孩子的转变，是雷锋一生中最重要的转变，这条红领巾雷锋一直珍藏着。从家乡到鞍钢，再从鞍钢到部队，每当他看到这条红领巾时，便会想到：自己像一个学走路的孩子，党像母亲一样扶着我，领着我，教会我走路。我每成长一分，前进一步，这里面都渗透着党的亲切关怀和苦心栽培！他永远不会忘记党和人民对他的关怀和寄予的厚望。

部队驻地附近几所小学的孩子们，上学、放学见了解放军叔叔不是敬礼就是问好。每当雷锋见到孩子们扬起笑脸称呼他"雷锋叔叔"的时候，他会情不自禁地想到：在党的面前，自己永远是个孩子，可在孩子面前，自己已经是个大人了！

1960年10月，雷锋先后担任抚顺市建设街小学和本溪路小学少先队组织的校外辅导员。四年间，雷锋经历农民、工人、解放军战士的洗礼和锤炼，思想更加成熟，行为更加高尚。这一天，雷锋身穿军装重新戴上红领巾，如今这条红领巾是雷锋成熟的标志，他已经成为人民学习的榜样和楷模。在聘请他当少先队辅导员时，他声音高昂地说："我们要做无产阶级革命事业的接班人，就要保持红领巾鲜红的颜色，决不让它沾染灰尘……"

雷锋平时工作、学习很忙，他只能利用午休时间或风雨天不能出车的日子请假到学校，有时和孩子们谈心，有时与孩子们进行田间劳动或其他活动。他时刻关注小同学身心发展，时刻启发他们好好学习，鼓励孩子们增长本领，长大为祖国多作贡献。

抚顺市建设街小学六年二班有个学生很聪明，也很调皮，整天打打闹闹不好好学习，都快毕业了还没戴上红领巾。因为他在班里表现不好，同学们都不愿意理他。雷锋发现这个现象，专门找这个班的中队委员谈心，悉心告诉他们帮助同学进步是我们大家的责任，他功课不好，一定要设法帮助他赶上来，不理他是不对的。为此，雷锋还专程来到学校找这个同学谈心。可是时间过了很久，也不见收到明显的效果。雷锋把这件事记在心里，总想找点其他的好办法帮助这位同学。一次，雷锋开着汽车帮助学校到郊外去捡碎砖准备修校园花池，那个调皮的学生也跟去了。到了郊外大家捡碎砖时，那个学生却偷偷溜进汽车驾驶室，摸摸这儿，动动那儿，把着方向盘，嘴里学着"嘀嘀"的声音，像把汽车开走似的。雷锋把这一切看在了眼里，在这孩子玩得正高兴的时候，雷锋走过来。见是雷锋叔叔来了，他吓了一跳，心里想这回就等着挨批评吧！

谁知雷锋根本没有生气，反而说："我看出来了，你喜欢开汽车，是不是？"

"是，可是我学不会。"

"只要用心学，学什么都不难。等捡砖回去，我教你学开汽车。"

这孩子一听，高兴得跳下车找同学们捡碎砖去了。回来的时候，雷锋真的叫他坐在驾驶室里，一边开车，一边给他讲开车的知识。雷锋一边讲，一边问他是否能听得懂，这个同学羞愧地低下头。"你瞧瞧，开汽车都这么复杂，将来你要亲手建设我们伟大的祖国，有很多很多工作等你们去做，你现在贪玩，不好好学习，长大能有本领建设祖国，为祖国做贡献吗？"

雷锋抓住这次实地教育的机会，恰到好处地使这个同学认识到自己的缺点和不足。他领会了雷锋的心意，很快克服了不爱学习的缺点，各方面都有明显进步。当他被批准入队，戴上红领巾时，特意跑到运输连告诉雷锋叔叔："我加入少年先锋队

△ 雷锋在给少先队员讲述节约的故事

啦!"

　　雷锋成为孩子们的知心朋友,他以实际行动启发教育孩子们克勤克俭,艰苦朴素。建设街小学一个教室的窗户玻璃坏了,暂时用木板钉上,雷锋到学校帮助他们更换新玻璃。听说马上更换新玻璃,有几个同学把那块木板起下来,把钉木板用的铁钉也拔下来随手扔在地上。雷锋看到了扔在地上的几个钉子，便上前拾起来。

"这些钉子还能用。怎么丢掉不要了？"

"几个破弯钉子，还有啥用？"有个小同学说。

雷锋拿过钉锤把弯钉子一颗颗锤直。"这样的钉子，在我的'节约箱'里也不多呢！"

同学们最喜欢雷锋叔叔的节约箱，你看那节约箱简直就是个"百宝箱"，牙膏皮、零碎的铜铁、钉子、边角余料的小碎铁皮多得是，可是这些废旧物品能有什么用呢？同学们对这个"节约箱"既感兴趣又不理解。雷锋想着这是个对同学们进行勤俭节约传统教育的好机会，便经常利用他来学校的时间给同学们讲一些节约的故事。其中讲得最多的就是雷锋在湖南省望城县当通讯员时，张兴玉书记给他讲的一颗螺丝钉的故事……

孩子们听了雷锋亲身经历的这个故事，一个个觉得自己就像雷锋当年那样做错了事，而现在雷锋的言行似乎又有点像他讲的那位县委书记……每当听完这些故事，同学们都有所感悟，在他们幼小的心灵中埋下勤俭节约的种子。

听完这个故事，小同学们总是要求到营房去看看雷锋的"节约箱"，雷锋领他们来到营房实地观看。这件事传开以后，建设街小学很多班级都做了"节约箱"，学习雷锋勤俭节约、艰苦奋斗的精神。

一天，几个小同学到营房找雷锋叔叔，看见雷锋坐在床边埋头补袜子，感到很惊奇。当他们看到雷锋补的袜子已经有很多补丁，就问道："雷锋叔叔，怎么还补啊，这样的袜子还能穿吗？"

　　"怎么不能穿呢！"雷锋让他们坐在身边，一边补，一边对他们说："解放前的穷人连这样的袜子都穿不上，现在生活好了也不该忘记过去，学学补袜子很有好处。"

　　"补袜子好学吗？"小同学问。

　　"这不难，你看……"雷锋一针一线地教他们补，希望他们能学会。

　　本溪路小学有个学生是个孩子头，时常领着一帮小孩跑到望花公园里学着解放军的样子打打杀杀。一天，这帮小家伙正在公园里玩耍，想起电影中解放军叔叔打仗时戴着用树枝做的帽圈，就叫那"孩子头"上树折点树枝也做些帽圈戴上，那有多带劲儿！那孩子果然爬上一棵大树，几个小伙伴一齐往树上看。突然一双大手蒙住了一个孩子的眼睛。大家扭头一看：

　　"呀，是雷锋叔叔！"

　　原来，雷锋外出办事路过公园，看见这帮小家伙玩得正高兴，就走过来，等小家伙们静下来后，雷锋问："你们围在这里干什么呀？"

　　"我们学解放军，"一个孩子指着树上说，"我们要用树枝做帽圈戴。"

　　雷锋拾起几根落在地上的柳树枝，对树上的孩子招招手说："快下来吧，刚长出的新枝幼芽，是不能折的。"

　　"孩子头"不高兴地从树上下来，小家伙们也都撅起了小嘴。

　　雷锋没有想到会出现这种情况，就和孩子们一起坐下来，拿着柳树枝问道："你们为什么要做帽圈呢？"

"我们也是解放军——"一个小家伙晃晃自己的木头手枪，又改口说："长大了我要当解放军！"

"为什么要当解放军呢？"

"打仗呗。"

"为什么要打仗呢？"

"为了保卫祖国……"

雷锋笑了："你们说得对。当解放军就是为了保卫祖国。可解放军还要保护老百姓、保护公共财产啊。解放军打仗，为了掩护自己不被敌人发现，才在野外折点树枝做帽圈。可现在是在公园，你们看这里有这么多小朋友在玩儿，你们这些'解放军'要是把树枝折光了，人家就会说：这些'解放军'怎么搞的，一点儿也不爱护公园的树木。"雷锋这番话把孩子们都说笑了。从此，他们再也不到公园来折树枝了。

在雷锋担任校外辅导员期间，和同学们建立了深厚的友谊。雷锋给他们补习功课，春节期间领着他们拾粪支援国家建设，帮助他们解决同学之间的矛盾，关心他们的思想成长，教育他们明辨是非，同学们深深爱戴这位解放军叔叔。抚顺市的许多地方留下了雷锋和少先队员们的足迹。1962年5月28日，共青团抚顺市委授予雷锋"优秀少先队辅导员"的光荣称号。

→ 人民代表

★★★★★

1961年春天，抚顺市选举人大代表工作开始，全团上下一致选举雷锋为抚顺市人民代表。不久，雷锋就领到抚顺市选举委员会寄来的《人民代表证书》。当政治处主任把这份证书交到雷锋手上的时候，他激动得流下热泪……

7月27日晚上，雷锋出车刚回到班里，高士祥指导员把抚顺市人民委员会的通知书交给他，只见上面印着：

市人民代表雷锋同志：

兹定于7月31日午前8时在抚顺宾馆召开第四届人民代表大会第一次会议，会期预计四天，希望7月30日午后3时前来抚顺宾馆报到。如有提案请随身带来。

雷锋深深知道参加人代会的都是各行业的精英和模范，他是抱着学习的态度来参加这次人民代表大会的。他想学习代表们的先进

△ 1961年8月，雷锋出席抚顺市第四届人民代表大会

思想、先进经验，进一步提高自己的思想水平和
工作能力。开会之前，大会秘书处发给他一个文
件袋，里面装着十几份会议文件。他仔细阅读这
些文件，感慨万端。像他这样一个穷苦孤儿出身

的小战士，能够参加人民代表大会，是他做梦也想不到的事情！在开会之前的那一夜，雷锋辗转难眠，他在自己的文件袋上写下这样一首诗：

> 过去当牛马，今天做主人，
> 参加代表会，讨论大事情。
>
> 人民有权利，选举自己人，
> 掌握刀把子，专政对敌人。
>
> 衷心拥护党，革命永继承，
> 哪怕进刀山，永远不变心。

雷锋住在宾馆二楼，他隔壁房间住的代表有一些是年龄较大的老年人。雷锋非常敬重这些老人，时常与老人谈谈参加会议的感受。出入会场、上下楼梯或外出参加会议时，他总是主动上前搀扶这些老人，早晚还帮助他们扫扫地，打打开水。这些老人见到雷锋，总是笑呵呵地叫他"小雷"，就像母亲呼唤自己的孩子那样亲切、悦耳。

在人代会期间，雷锋在日记中写下了他发自内心的誓言：

从阶级友爱出发，我不但爱这些老人，而且爱全国人民，爱全世界的劳苦大众。他们都是我的亲人，我要为他们的自由、解放、幸福而贡献自己毕生的精力，甚至最宝贵的生命。

→ 模范班长

★★★★★

1961 年 10 月，雷锋被提升为二排四班班长。在工作中，雷锋驾驶技术娴熟，充分展示了自己的模范带头作用，使全班成为全连的模范班。有一次团里要到铁岭山区执行一项运输任务，团部领导特别嘱咐，这次执行任务途中山高路险，积雪很多，一定要派个勇于克服困难、驾驶技术熟练的班去。连首长经过研究，决定把这个任务交给四班。

雷锋接到任务后，首先召集全班作思想动员工作，讲清这次任务的艰巨性和重要性。接着带领全班同志认真检修车辆，为执行任务做到万无一失。第二天早晨五点多钟，雷锋和战友们出发了。

驶出郊外，路虽不平坦,总还是比较宽敞的。可越往前走，路越难行。汽车在狭窄的、高低

光荣的解放军战士

△ 雷锋与战友们在一起交流汽车驾驶经验

不平的山路上颠簸着。进入深山以后，一道江汉子
挡住他们的去路。这是经过夏季洪水的冲刷造成
的，到处是碗口大的乱石和一人多高的苇草、树丛。
别说汽车，看样子牛车也难过去。

　　困难摆在面前，任务必须完成！雷锋坚定地
告诉自己。他叮嘱班里战士在这里等他，自己到
前面探探路。他迎着山野的寒风，穿过挂着冰雪

的树丛，却根本找不到能够行车的路。绝对不能让困难吓住，再想想办法，雷锋在心中给自己加油。他四下张望，山洼处一座房屋顶上冒出的炊烟吸引了他，他急忙朝那房屋奔去。屋里的一位老乡了解情况后告诉雷锋："这里过不去。不过江汊子上段是干河套，牛车可以过去，汽车能不能过可不敢说。"这位老乡还答应帮助雷锋探探路。

经过实地察看，雷锋觉得可以从干河套上过去。为完成任务，雷锋决定自己先开车在干河套牛车过去的地方试一试。他发动 13 号车加大油门，沿着刚才探路的痕迹开过去。汽车在乱石滩上颠簸得很厉害，雷锋紧紧握住方向盘，两眼注视着雪地上那一串串脚印，不管车身多么颠簸摇晃，一直镇定沉着地往前开，终于闯过干河套，通过江汊子。有了雷锋的成功通过，战友们增强了信心，大家都沉着冷静地握着方向盘，车队一辆一辆安全通过。

可没开多久，一段积着冰雪的山路出现在他们的面前。开着头车的雷锋全神贯注地把着方向盘，但接连爬几次都没爬过去。大家跳下车来，眼看着班长开的车车轮在冰坡上直打飞转，就是不动。雷锋跳下车，这么开不是个办法，他把大家叫到身边商量怎么办。全班同志你一言我一语地议论开了。有的说把备用防滑链用上，有的建议把路上的冰刨掉，有的主张在冰坡上垫些草再往上开。雷锋采纳大家的建议，他一面分派大家去搞苇草，一面从车上拿下一把大镐在 13 号车前刨起冰来。等大家弄来苇草，垫到加防滑链的车轮下。雷锋把刨出的冰碴往路外扬了扬，跳上 13 号车，终于冲过冰坡。经历这两个困难，战士们的心中充满对雷锋的敬佩，接下来纵然有再多的困难，也不会阻止他们前进的方向。

车队继续行进，同车的助手小韩说："班长，说心里话，刚才过那段冰坡，我真以为过不来了呢。"雷锋紧握着方向盘说："在山区行车，免不了遇到各种困难，只要大家团结一致多想办法，没有我们通不过的路。"小韩打心里佩服自己的班长。

当车队经过一个小山村时，一辆马车在他们前面的路中央慢悠悠地走着，两个赶车人没有注意后边来了汽车。小韩急着赶路，伸手就要按喇叭，立即被雷锋制止。

小韩说："快超过去吧，天一黑，路更难走了。""超车惊了马怎么办？抢道超车都是想快，若出了事故，反而慢了，这是多少人的教训！"雷锋把车停下来。这时，前边赶马车的人发现身后有汽车，连忙把车赶到路旁。因为路面结冰，马一慌，两个前蹄直打滑。雷锋跳下车来前去帮助老乡推车，安全地让开安全通道。

天渐渐黑下来，路也越来越难走，车队很快奔上又高又陡的盘山路，前面突然出现一个 90 度的急转弯。雷锋透过车窗一看，左面和正前方是很深的山谷，右面是高高耸立的山崖。盘山路又窄又滑，如果稍有不慎就有撞崖、坠谷的危险。

"沉着，一定要沉着。"雷锋镇定地告诫着自己。他把车灯全打开，车身紧挨着山崖，左后轮压着悬崖边滚动，终于安全地驶过这段险路。为保证整个车队的安全，13 号车越过这段险路便停下来。雷锋跳下车，徒步返回，站在悬崖边上指挥每一辆车都安全地越过这段险路。月光下远远望去，雷锋率领的车队，攀山越岭，蜿蜒蛇行，奔驰向前。

这次运输任务只是雷锋和战友们完成艰巨任务中的一个，他们战胜重重困难，多次圆满地完成运输任务，雷锋成为全连的模范班长，四班成为"模范班"。

 ## 鱼水情深

★★★★★

雷锋所在的沈阳军区工程兵某部经常到各个地方执行任务。1962 年的春天，雷锋带领全班单独到铁岭下石碑山区执行任务，他们宿营在当地的小山村。这座小山村住着几十户人家。刚到那天，村里说部队要住在这里，家家户户都主动腾房子腾炕，都争着让战士们住到自己家里去。雷锋叫大家把背包放在村头，领着几个同志挨家挨户问寒问暖。走访中看到大家住房也不宽敞，有的两三代人住在一间屋里，如果让同志们再住进去，势必给乡亲们增添困难。雷锋正在考虑这个问题，有个战士跑来报告说，村头王大爷把一间最好的房子腾给他们，非叫他们把背包搬进去不可……王大爷一家七八口人才住两间房，再腾出一间，人家还怎么住！雷锋招招手把全班同志叫到身边，不能给乡亲们带来不便和困难，宁肯自己克服一下困难住在外面。最后，他把大家带到村后山根前，按照战备要求选一处比较隐蔽的地方，作为停车场，在车场附近支起军用帐篷，战士们的山区生活就这样开始了。

正值春耕大忙季节，山村群众起早贪黑地忙在地里。雷锋带领全班一面完成运输任务，一面帮助群众挑水、起粪、扫院子。

一天，雷锋修完车放下工具，手和脸都没洗就向地里跑去，对正在扶犁耕地的王大爷说："我想学学犁地可以吗？"王大爷见他刚从车底下爬出来满脸是汗，"你赶紧歇一会儿，地里再忙也用不着你。"雷锋执拗地跟着王大爷的犁杖走，看怎样扶犁，王大爷见他如此用心，便停下脚步，说："真想学，就试一试吧！"别看雷锋当过拖拉机手耕过田，可使用牲口犁地就不在行了。牲口不听使唤，犁杖扶不稳，地耕得深浅不匀，垄沟弯弯曲曲。但雷锋学得用心，又有王大爷的指点，一条垄耕到头再返回来耕，就摸到点门路了，地垄越耕越直，越耕越好。

雷锋为什么学犁地？原来他每天开车在山区里奔来奔去，看见到处都在春耕大忙，每次卸完车，总想为乡亲们做点什么。山沟里没有拖拉机，他帮不上忙，就想学着用犁耕地。自从跟王大爷学会犁地，他时常抽空下地，不是在这个村里帮忙，就是在那个村帮忙……

一天傍晚，雷锋和他的助手给施工部队运送给养回来。汽车过一道河汊时陷入淤泥中。雷锋找来石块垫车轮，指挥助手开车，冲了几次也没冲出来，助手沉不住气了："班长，咋办？天黑了。"雷锋说："别急，我去找个老乡借个撬杠来试试。"就近的山村叫黑林子。雷锋匆匆赶去，顺脚进了村头一家土墙院，雷锋向院里的一位大娘说明来意，大娘见这个身量不高、笑模笑样的年轻战士，虽然觉得很可亲，可听说他的汽车陷在附近河沟想借根木杠子去撬撬车轱辘时有些迟疑，说："天都黑了，我又不认识你，借给你用完若不还，我可找谁去？"雷锋恳切地让大娘尽管放心，用完马上还，弄坏照价赔。老人被雷锋说服，借给他一根碗口粗一人多高的木杠。雷锋临走时大娘说："扛去吧，我信得过你。"

　　雷锋飞快地扛回木杠子，让助手上车加大油门，自己在车下用木杠撬，深陷的车轮终于滚出污泥。可车子刚走，不知什么原因车突然熄火了！雷锋丢下木杠，用摇把发动几次没发动着，打开车盖检查，也没检查出毛病。天色已黑，他们钻进车下检修时已经看不清，实在没有办法动手修理。雷锋对助手说："我赶紧把木杠子送回去，看能不能借盏灯来。"

天已经全黑了，山村里静悄悄的，山村家家睡得早。幸好刚才雷锋借木杠的大娘家的窗口透着亮。雷锋轻轻地敲敲窗："大娘没睡吧，我把木杠送回了。"一个年轻人走了出来，把木杠放回原处，并把雷锋让进屋里。这是一间十分简陋的农舍，炕桌上放一盏玻璃罩油灯，灯芯捻得很亮，灯油已燃烧过半，桌旁坐着个女孩正在写作业。炕头上，大娘已铺被睡下，听见动静又披衣坐起，让雷锋坐下。他们随便唠了几句家常，雷锋知道这家姓田，那青年是大娘的儿子叫小秋，念完初中回乡务农。灯下写作业的女孩是小秋的妹妹，刚上初中……

　　雷锋道完谢，心里想着去修车，说明自己想借走那盏灯，没等雷锋把话讲完，女孩收起作业本，小秋端着油灯塞到他手上，大娘把一盒火柴递给他，这一切都让雷锋感到心里热乎乎的。雷锋提着灯，匆匆离开大娘家。他举灯回到车旁。

　　那盏灯亮起来了，橘黄色的灯光释放着人民对解放军的爱，油灯在两个战士手中相互传递，它帮助他们终于排除汽车故障。他们发动汽车，连夜赶回驻地。

　　第二天一早，田大娘出屋，看见窗台上放着自家那盏油灯和火柴，端过油灯细看一眼，灯里的油装得满满的，老人不由得自言自语："这个小战士啊……"

　　从那以后，雷锋一有机会就去看望田大娘。田大娘也知道雷锋的一些情况，见面格外亲，话也特别多。雷锋来的时候她总是问寒问暖，像妈妈一样，使雷锋体会到更多的母爱，大娘看着这个没得到多少家庭温暖的小战士就对他说："小雷呀，你从小没家，若不嫌弃就把大娘家当你自己的家吧。"从此,雷锋真把田大娘的家当成自己的家,雷锋不但关心大娘的生活,他看到大娘的儿子手冻裂了,得了冻疮,特意买来冻疮膏送给他。

1962 年 2 月间,他以特邀代表的身份出席沈阳军区首届共青团代表会议,并被选为主席团成员。出席会议的许多共青团员代表都了解雷锋的事迹,有的还把报纸登载的《雷锋日记》抄在自己的笔记本上,用以鞭策自己进步。因此,会议期间主动找他交谈的同志特别多。这个让他签名,那个找他合影,都一再表示向他学习。每当遇到这种情况时,雷锋总是谦虚地说:"我是来向同志们学习的,我还做得不够啊!"

在会议过程中,雷锋总是聚精会神地听取每位代表的发言,认真看文件,做笔记,还经常找代表们谈心,虚心求教。开会时,他是主席团成员,一回到招待所,他又成了大家的服务员和炊事员。他每天起得很早,抢着帮服务员擦地板、收拾卫生,开饭时,又不声不响地帮助炊事员端饭、送菜……代表们和招待所的同志看到雷锋这样勤勤恳恳、谦虚谨慎,都深受感动。在团代会上,有个炮兵某部副班长叫任宝林,他早就想见见雷锋,同雷锋谈谈。可是几天来,雷锋一直很忙,他总

光荣的解放军战士

找不到机会。一直到第五天晚上 10 点多钟，才与刘思乐一起与雷锋谈起来。他们交谈得很热烈，主题是谈螺丝钉的作用，怎样做个革命的螺丝钉。雷锋很认真地对任宝林和刘思乐说，一个革命者既要有远大的理想，又要有实干的精神。要干一行爱一行，像机器上的螺丝钉那样，拧在哪里就在哪里闪闪发光，永不生锈，永不松动，只有这样才能保证革命事业这个大机器的转动。他的话深深地打动了战友的心，刘思乐当场就向雷锋表示："一定当好一颗永不生锈的螺丝钉！"谈话之后，雷锋久久不能入睡，他在日记中写下这样一段话告诫自己：

雷锋啊，雷锋！我警告你牢记：千万不可以骄傲。你永远不能忘记，是党把你从虎口中拯救出来，是党给了你一切……至于你能做一点事情了，那是自己应尽的义务，你每一点微小的成绩和进步都应该归功于党。要记在党的账上……你要不断地加强学习，提高自己的思想觉悟，坚决听党和毛主席话，经常开展批评与自我批评，随时清除思想上的毛病，在伟大的革命事业中做一个永不生锈的螺丝钉。

雷锋经常收到来自全国各地的热情赞扬他、鼓励他的信，他总是细心地看着这些充满着赞扬、鼓励的信，越看越感到不安，觉得自己还应该做得更多更好。他在给这些同志的回信中，反复写下这样的一些话：我的一切都是党给的，光荣应该归于党，归于热情帮助我的同志们。至于我个人所做的工作，那是太少太少了。我这么一点点贡献，比起党对我的要求和期望还是很不够的……

雷锋入伍两年来，记二等功一次，三等功两次，团营嘉奖

多次；先后被评为"学习毛主席著作"积极
分子、"艰苦奋斗节约标兵"、"少先队优秀辅
导员"、"模范共青团员"，当选为抚顺市人
大代表，他的日记和模范事迹通过报纸、电
台被广泛宣传。

 ## 永生的战士

★★★★★

就是这样一个好战士、好工人，却不幸因
公殉职。

1962 年 8 月 15 日，天色阴沉，细雨霏霏。
雷锋和他的助手小乔驾驶着 13 号车从铁岭山区
工地风尘仆仆地赶回抚顺驻地。这次回来拉施
工器材，任务不是很急，雷锋在回来的路上就
同小乔商量好，要利用上午仅有的时间到他辅
导过的抚顺市望花区建设街小学和本溪路小学
去看看那些可爱活泼的孩子们，下午再抽时间
去看看烈属张大娘，听说老人病了，他想买点

东西送给老人。雷锋想，如果下午三四点钟能装完车，争取熄灯前赶回工地是没有问题的。

雷锋和助手驱车赶回抚顺驻地已是上午 10 时左右，雷锋看到车轮上沾满泥巴，车身上溅了许多泥水，就不顾早饭没吃和一路上的疲劳，准备让助手把车开到营房后的一块空地上去冲洗。小乔慢慢开着车，开进通往营房后空地的一条较狭窄的通道，道口的南边有一棵大树，道旁有一根 1.5 米高、碗口粗的方木杆子，上面用铁丝拉在木杆子和大树上，是战士们平时晒衣服用的。为了安全起见，雷锋站在车的左侧指挥着倒车，当车开到木杆子跟前时，不幸的事情发生了，车轮突然滑进道边的小水沟，车身猛一摇晃，碰倒方木杆子，雷锋正在全神贯注地指挥倒车，不幸被倒下来的方木杆子打在太阳穴上。雷锋当即扑倒在地，昏迷过去……

小乔慌忙跳下车，扑到雷锋身旁，大声喊着："班长！班长！……"

战友们很快跑过来，连长也赶过来，见雷锋伤势严重，立即将他送到抚顺市西部职工医院进行医治。由于西部职工医院的技术条件有限，医院建议立即去请沈阳部队总医院的脑神经专家给雷锋医治。可是等到专家赶来的时候，雷锋因伤势过重，大脑溢血，停止了呼吸。他再也听不到战友们亲切的呼唤，再也看不到他辅导过的孩子们可爱的笑脸……

雷锋——人民的好儿子，优秀的解放军战士，年仅 22 岁便离开了我们。

雷锋牺牲的消息传来，熟悉雷锋的人惊呆了，谁都不肯相信，谁都不愿意相信这个事实！战友们的泪水止不住往下流，他们为失去一位关心他们、爱护他们的好班长而悲痛！雷锋担任辅导员的两所小学校的孩子们听说这个消息，他们哪里相信，当跑到运输连确信再也见不到可亲可敬的雷锋叔叔时，他们痛哭着，为失去这样一位亲爱的辅导员而落泪，为失去一位热爱他们的解放军叔叔而落泪！当消息传到烈属张大娘家时，老人一边流泪一边向人们叙说着雷锋对她的关心和

△ 1962年8月17日，雷锋追悼大会在望花区政府礼堂召开

照顾……

　　中共抚顺市委、抚顺市人民政府的领导得到
消息后，非常重视，立即召开紧急会议对公祭大会
做出精心安排。市委和市政府把安排报告给雷锋
生前所在部队。经请示、协商，决定在雷锋牺牲
的第三天，1962 年 8 月 17 日下午 1 时在望花区政
府礼堂召开追悼大会。

　　追悼大会上数以万计的人默默地来到这里，向
这位年轻可敬的解放军战士告别！送葬的人们胸前
佩戴小白花，眼含热泪，把雷锋的灵柩护送到抚顺
市戈布街烈士陵园。

后 记

雷锋精神永恒

雷锋虽然离去了，但他的音容笑貌仿佛就在我们的耳边，就在我们的面前！他矮小的身影化作巨大的光环，让人们为之慨叹！他的精神似一盏指路的明灯，让人们的心灵得到净化，使人们的修为更加高尚！他是无愧于时代的楷模——无论过去、现在和将来！

雷锋牺牲后，全国掀起学雷锋活动的热潮，直到今天，雷锋精神仍然是我们行动的准则和思想的标尺。一个普通的解放军战士能够激励几代人的成长，一个平凡的共产党员能够赢得人民的崇敬，一个群众性的学习活动能够长久不衰，历久弥新，这说明雷锋精神蕴含无穷的生命力和强大的感召力。雷锋爱党、爱国、爱人民的坚定社会主义信念；干一行、爱一行、钻一行的"钉子精神"；团结友爱、全心全意为人民服务的优良品质；勤俭节约、艰苦朴素的高尚情操；公而忘私、无私奉献的高尚道德集中体现了中华民族的传统美德，是民族精神与时代精神的完美结合。雷锋精神符合广大人民群众对建设美好社会、创造美好生活的迫切愿望。雷锋精神对人们树立正确的理想、信念、人生观、价值观，对于促进良好社会风气的形成起到了重要的推动作用。

雷锋精神是我们最宝贵的精神财富！在雷锋的精神感召下，人们经过代代的努力，秉承中华传统的美德，在建设有中国特色的社会主义国家和构建社会主义和谐社会的道路上昂首挺胸，阔步前进！

雷锋不会离去，雷锋将与我们同在！

雷锋精神永恒！

100位

新中国成立以来感动中国人物

丁晓兵　马万水　马永顺　马恒昌　马海德　中国女排五连冠群体

孔祥瑞　孔繁森　文花枝　方永刚　方红霄　毛岸英

王　杰　王　选　王　瑛　王乐义　王有德　王启民

王进喜　王顺友　邓平寿　邓建军　邓稼先　丛　飞

包起帆　史光柱　史来贺　叶　欣　甘远志　申纪兰

白芳礼　任长霞　刘文学　刘英俊　华罗庚　向秀丽

廷·巴特尔　许振超　达吾提·阿西木　邢燕子　吴大观

吴仁宝　吴天祥　吴金印　吴登云　宋鱼水　张　华

张云泉　张秉贵　张海迪　时传祥　李四光　李春燕

李桂林和陆建芬夫妇　李素芝　李梦桃　李登海　杨利伟

杨怀远　杨根思　苏　宁　谷文昌　邰丽华　邱少云

邱光华　邱娥国　陈景润　麦贤得　孟　泰　孟二冬

林　浩　林巧稚　林秀贞　欧阳海　罗映珍　罗健夫

罗盛教　草原英雄小姐妹　赵梦桃　钟南山　唐山十三农民

容国团　徐　虎　秦文贵　袁隆平　钱学森　常香玉

黄继光　彭加木　焦裕禄　蒋筑英　谢延信　韩素云

窦铁成　赖　宁　雷　锋　谭　彦　谭千秋　谭竹青

樊锦诗

图书在版编目（CIP）数据

雷锋 / 朱薇著. -- 长春：吉林文史出版社，
2012.7（2024.5重印）
（100位新中国成立以来感动中国人物）
ISBN 978-7-5472-1134-2

Ⅰ. ①雷… Ⅱ. ①朱… Ⅲ. ①雷锋（1940～1962）—
生平事迹—青年读物②雷锋（1940～1962）—生平事迹—
少年读物 Ⅳ. ①K825.2-49

中国版本图书馆CIP数据核字（2012）第171627号

雷　锋

LEIFENG

著/ 朱薇

选题策划/ 王尔立　责任编辑/ 王尔立 李洁华 任玉茗

装帧设计/ 韩璘

出版发行/ 吉林文史出版社

地址/ 长春市福祉大路5788号　邮编/ 130118

电话/ 0431-81629363　传真/ 0431-86037589

印刷/ 天津海德伟业印务有限公司

版次/ 2012年8月第1版 2024年5月第5次印刷

开本/ 640mm×920mm　1/16

印张/ 9 字数/ 100千

书号/ ISBN 978-7-5472-1134-2

定价/ 29.80元